Psychologische Kriegsführung

Wie Sie Manipulation, Täuschung und Propaganda erkennen, um zu vermeiden, dass Sie in die Irre geführt, eingeschüchtert und demoralisiert werden

Inhaltsverzeichnis

Einführung

Manipulation, Täuschung und Propagandataktiken gibt es schon seit der Antike. Diese drei Worte stehen für die Anwendung unzulässiger Beeinflussung von Opfern durch mentale und emotionale Traumata, um sie auszubeuten, zu kontrollieren und einen persönlichen Vorteil zu erlangen.

Das klingt bedrohlich, nicht wahr? Manipulation, Täuschung und Propaganda sind ohne jeden Zweifel unheimlich. Wenn Sie sich dieser Elemente bewusst sind und sich von solchen Menschen und Umständen fernhalten, kann sich Ihr Leben erheblich zum Besseren wenden. Kontrollierende Ehepartner, Führungspersönlichkeiten, Freunde, Chefs und ihre grausamen Geschichten gibt es in dieser Welt zuhauf. Das ist nichts Neues.

Bevor es das Internet gab, wurde die psychologische Kriegsführung einigermaßen geheim gehalten. Sie war nur denjenigen bekannt, die sie gegen ihre Opfer einsetzten, während sie anderen, insbesondere ihren Opfern, verborgen blieb. Alles, was mit psychologischer Kriegsführung zu tun hatte, war eine geheime Angelegenheit. Tatsächlich wurden die Täter oft als erfolgreich, klug und leistungsstark angesehen, während die Opfer als Schwächlinge abgestempelt wurden, die nicht die Kraft hatten, für sich selbst einzustehen.

Die Tatsache, dass Manipulanten und Betrüger das Leben ihrer Opfer zerstörten, wurde hinter einem Anschein von Ignoranz und mangelnder Offenheit in der Gesellschaft versteckt, nicht nur in ärmeren und weniger entwickelten Ländern, sondern auch in scheinbar fortschrittlichen, entwickelten Gegenden. Es war ein Tabu, über erfolgreiche Menschen zu sprechen, die sich an Schwächeren vergreifen konnten.

Glücklicherweise wird die Welt heute offener, und diese bisher tabuisierten Themen werden transparent und offen diskutiert, damit die Opfer solche Menschen verstehen und nicht in die Falle der daraus resultierenden Grausamkeiten geraten können. In diesem Buch geht es um psychologische Kriegsführung und ihre verschiedenen Facetten, damit Sie, der Leser, erkennen können, worum es sich dabei handelt, wie man sie erkennt und wie man sich vor ihr schützen kann.

Auf persönlicher Ebene ist es wichtig zu wissen, wann Sie es mit manipulativen Menschen zu tun haben, die darauf aus sind, Sie und Ihr Leben zu kontrollieren, Sie daran zu hindern, ein erfülltes Leben zu führen und Ihnen die Freude am Leben zu rauben. Auf öffentlicher Ebene müssen Sie sich vor Führungspersönlichkeiten und politischen Größen in Acht nehmen, die gefälschte Informationen und politische Propagandataktiken verbreiten, um Wahlen und Kriege zu kontrollieren.

Dieses Buch ist in einer einfachen, leicht verständlichen Sprache geschrieben und wird durch zahlreiche wissenschaftliche Beweise gestützt. Mit vielen praktischen Methoden, Empfehlungen und anschaulichen Beispielen gibt Ihnen dieses Buch einen umfassenden Einblick in die Taktiken der psychologischen Kriegsführung und wie sie im öffentlichen, persönlichen und beruflichen Bereich eingesetzt werden.

Dieses Buch eignet sich hervorragend für Anfänger und ist eine ausgezeichnete, strukturierte Auffrischung für diejenigen, die bereits mit dem Thema vertraut sind. Es ist vollgepackt mit relevanten Informationen, Vorschlägen, Tipps und weiteren Daten zum Konzept der psychologischen Kriegsführung, einschließlich Manipulation, Täuschung und Propagandataktiken.

Blättern Sie also weiter und tauchen Sie ein in eine Fülle von Informationen über Manipulation, Täuschung und Propagandataktiken, die in der heutigen Welt bei Menschen angewendet werden.

Kapitel 1: Psychologische Kriegsführung erklärt

Die psychologische Kriegsführung umfasst mehrere gezielte und taktische Strategien, die Propaganda, Gedankenkontrolle und Drohungen einsetzen, um die Emotionen, Meinungen, Motive und das Verhalten des Zielpublikums zu beeinflussen. Wenn sie effektiv eingesetzt werden, können die Taktiken der psychologischen Kriegsführung die grundlegenden Glaubenssysteme des beabsichtigten Opfers/Zielpublikums verändern.

Das Ziel der psychologischen Kriegsführung ist es, jemandem eine vollständige Gehirnwäsche zu verpassen, damit er das denkt, was Sie von ihm wollen.

Was ist psychologische Kriegsführung?

Psychologische Kriegsführung wird üblicherweise in Kriegen und bei geopolitischen Unruhen eingesetzt, um die Einstellung einer ganzen Nation gegenüber einer imaginären oder realen Bedrohung zu verändern. Das Ziel ist es, jemanden zu beeinflussen und ihm eine Gehirnwäsche zu verpassen, damit er das denkt, was Sie von ihm wollen. Oft wird sie eingesetzt, um feindliche Nationen in die Irre zu führen, zu demoralisieren, einzuschüchtern und ihr Verhalten zu beeinflussen. Psychologische Kriegsführung ist unter vielen Namen bekannt, darunter:

- Military Information Support Operations (MISO)

- Psy Ops

- Politische Kriegsführung

- Eroberung der Herzen und Köpfe

Die oben genannten Namen werden verwendet, um die psychologische Kriegsführung und die grundlegenden Merkmale psychologischer Operationen zu beschreiben. Für verschiedene Situationen und unterschiedliche Ergebnisse werden unterschiedliche Strategien eingesetzt. Dieses psychologische Werkzeug wird auch eingesetzt, um Einstellungen zu verstärken und Handlungen voranzutreiben, um die von den Initiatoren gewünschten Ergebnisse zu erzielen. Es wird auch eingesetzt, um Kriegsgefangene zu Geständnissen zu bewegen. Zu den wichtigsten Taktiken der psychologischen Kriegsführung gehören die folgenden:

- **Angst erzeugen** - Eines der Hauptziele der psychologischen Kriegsführung, insbesondere in der grauen und schwarzen Kategorie, besteht darin, in der Bevölkerung der feindlichen Nation oder Gruppe Angst zu erzeugen. Die hervorgerufene Angst ist in der Regel so lähmend, dass die Bürger nicht an Protesten, Versammlungen, Treffen usw. teilnehmen, die dem Aufbau der Nation und/oder der Stärkung der Moral dienen. Durch die Angst fühlen sich die Menschen verletzlich, eingeschüchtert und misstrauisch gegenüber den guten Absichten ihrer eigenen Regierung.

- **Spalte und herrsche oder spalte, um zu verwirren** - Wenn sich die Bürger der gegnerischen Nationen zusammenschließen und sich auf gemeinsame nationale Prinzipien konzentrieren, wird das Mittel, mit dem diese Einheit gebrochen werden soll, als spalte und herrsche oder spalte, um zu verwirren bezeichnet. Die Einheit zerbricht und die Menschen werden in kleinere Einheiten aufgeteilt, wodurch sie die Kraft der Einheit und Solidarität verlieren. - Diese Taktik schafft Misstrauen unter den Menschen, die umherirren und sich fragen, wem oder was sie vertrauen oder an wen sie sich um Hilfe wenden sollen. Auch hier ist das Endergebnis, dass die Moral einer ganzen Bevölkerung gebrochen wird, was es ihr leicht macht, aufzugeben und zu kapitulieren.

- **Entmenschlichung und Demoralisierung** - Diese Taktik zielt darauf ab, die Würde und das Selbstvertrauen des Einzelnen zu zerstören, was zu Demoralisierung und Entmenschlichung führt. Dank des Verlusts des moralischen und mentalen Selbstvertrauens endet dies in der Regel mit einer sanften Kapitulation.

- **Unwissenheit statt Wissen** - Diese Technik der psychologischen Kriegsführung macht sich die Unwissenheit der Zielgruppe zunutze und/oder füttert sie mit Fehlinformationen. Anstatt genaue Informationen weiterzugeben, hält der Täter Daten zurück oder sendet falsche Informationen, was zu Verwirrung, Unwissenheit und falschen Entscheidungen führt.

- **Überwältigung und Zermürbung** - Psychologische Kriegsführung zielt darauf ab, den Feind oder die Opposition mit allen Mitteln zu überwältigen und zu zermürben, einschließlich des Aufhaltens ihrer Fortschritte durch kleinliche Forderungen und Schachzüge. Wenn Menschen in verschiedenen Bereichen ihres Lebens mit überwältigenden Herausforderungen konfrontiert werden, schwinden ihre Entschlossenheit und ihre Stärke, und sie verlieren ihren Willen, aufzustehen und zu kämpfen.

Die Techniken der psychologischen Kriegsführung werden aus verschiedenen Gründen und unter dem Deckmantel guter Absichten eingesetzt. Alle Nationen nutzen diese Methode auf ihre eigene Art und Weise. Nach Angaben der US Central Intelligence Agency wird psychologische Kriegsführung für die folgenden taktischen Ziele eingesetzt:

- Um den Kampfeswillen des Feindes zu brechen.

- Beeinflussung befreundeter Nationen im Sinne der Absichten und Ziele der USA.

- Gewinnung und Aufrechterhaltung der Moral und Unterstützung von befreundeten Gruppen und Menschen in feindlich besetzten Gebieten.

Der erste Schritt zur Erreichung dieser taktischen Ziele besteht darin, die bestehenden Glaubenssysteme, Vorlieben, Abneigungen, Ängste, Schwächen, Stärken und Verwundbarkeiten der anvisierten Menschen und/oder Nationen zu kennen und zu beherrschen. Nur wenn Sie wissen, was den Feind antreibt oder motiviert, kann die psychologische Kriegsführung erfolgreich eingesetzt werden.

Anders als physische Kriege werden psychologische Kriege über den Verstand geführt. Es ist ein Krieg des Geistes. Er ist nicht tödlich und nicht gewalttätig. Er zielt darauf ab, die Köpfe der Zielpersonen zu erobern. Es ist eine gängige Strategie der psychologischen Kriegsführung, um den Denkprozess und sogar die Werte und Glaubenssysteme der Zielperson(en) zu beeinflussen/verändern.

Die Propagandakampagnen sind oft sehr umfangreich und werden von Regierungen, Interessengruppen, politischen Organisationen, zivilen Personen und auch dem Militär unterstützt. Es handelt sich um eine raffiniert konzipierte Informationswaffe, die auf unterschiedliche Weise an das Zielpublikum weitergegeben wird:

- Von Angesicht zu Angesicht, durch direkte verbale Kommunikation.

- Über audiovisuelle Medien, insbesondere Fernsehen und Filme.

- Durch reine Audiomedien wie z.B. Radiosendungen.

- Durch visuelle Medien wie Bücher, Flugblätter, Poster, Zeitungen und Zeitschriften.

Die psychologische Kriegsführung besteht in der Regel aus den folgenden militärischen Taktiken:

- Verteilen von Flugblättern und Prospekten an feindliche Soldaten, in denen diese aufgefordert werden, sich zu ergeben, zusammen mit detaillierten Anweisungen, wie sie sich ergeben können und was sie im Gegenzug erhalten.

- Massive und/oder ununterbrochene Luftangriffe, andere hochentwickelte Waffen und große Truppenzahlen über längere Zeiträume, um bei den Bürgern und Soldaten der feindlichen Nationen Schock und Furcht zu erzeugen.

- Schlafentzug für feindliche Soldaten durch ständige Beschallung mit lauten Geräuschen oder störender Musik.

- Reale oder imaginäre Drohungen mit dem Einsatz biologischer oder chemischer Waffen, die den Menschen unvorstellbare Qualen zufügen könnten.

- Propagandasendungen über Radiosender.

- Wahlloser Einsatz von Sprengfallen, improvisierten Sprengsätzen oder Scharfschützen, um Unsicherheit zu erzeugen.

- Ereignisse unter falscher Flagge, die Anschläge, Operationen oder Vorfälle unter falscher Flagge beinhalten, sollen das Zielpublikum davon überzeugen, dass andere Gruppen oder Nationen diese Vorfälle verübt haben.

Während die Art der Kommunikation und die Art und Weise, wie die Propaganda verbreitet wird, wichtig sind, ist der kritischere Aspekt die Botschaft, die vermittelt wird. Einige der Botschaften sind so wirkungsvoll, dass sie das Verhalten und die Einstellung ganzer Nationen beeinflussen und verändern können.

Laut Daniel Lerner, dem Autor des berühmten Buches über psychologische Kriegsführung mit dem Titel *Psychological Warfare Against Nazi Germany*, gibt es drei Arten von Kriegsführung: schwarze, weiße und graue Propaganda.

Schwarze Propaganda ist die schlimmste von allen und betrifft ausschließlich Falschmeldungen. Die Informationen sind trügerisch oder falsch und zielen darauf ab, die Menschen in die Irre zu führen und/oder den Feind oder die Opposition zu verleumden. Die in schwarzer Propaganda enthaltenen Informationen werden fälschlicherweise Personen zugeschrieben, die nicht für ihre Erstellung verantwortlich sind.

Graue Propaganda ist größtenteils wahr, wenn auch mit einer gewissen Verzerrung. Es werden jedoch keine Quellen genannt. Die Informationen in der weißen Propaganda sind wahr und nur in sehr geringem Maße verzerrt. Die Quellen sind eindeutig angegeben. Graue und schwarze Propaganda haben die größte Wirkung in kürzester Zeit. Sie bergen jedoch das größte Risiko, ihre Glaubwürdigkeit viel schneller zu verlieren als die weiße Propaganda.

Dies geschieht, weil das Zielpublikum eher früher als später erkennt, dass die Informationen, mit denen es gefüttert wurde, falsch sind und die Quelle gnadenlos diskreditiert. Daher sterben graue und schwarze Propaganda oft von selbst. Allerdings ist es auch wahr, dass diese beiden Arten von Propaganda oft viel Schaden anrichten, bevor sie untergehen.

Warum wir über psychologische Kriegsführung Bescheid wissen sollten

Die psychologische Kriegsführung wird unterschätzt, ist aber einer der effektivsten Aspekte des Krieges. In der Tat ist dies ein Grund für die Grausamkeit und das Blutvergießen in Kriegen. Die psychologische Kriegsführung ist das Werkzeug, das überlebende Soldaten dazu bringt, Bände über das emotionale und mentale Trauma zu sprechen, das sie während des Krieges erlitten haben, und das ist der Grund, warum zurückkehrende Soldaten oft den Verstand verlieren.

Die Bilder auf Flugblättern und Prospekten, die den kämpfenden Soldaten zu lesen gegeben werden, enthalten Themen und Bilder, die Unbehagen hervorrufen. Die mit Propaganda gefüllten Papiere sollen den Willen, den Enthusiasmus und die Energie der Soldaten zum Kämpfen verringern. Die psychologische Kriegsführung konzentriert sich auf die Ängste und Schwächen des Zielpublikums, um dessen Moral zu schwächen. Diese Ängste und Schwächen werden ausgenutzt, um Kriege zu gewinnen und kriegsbezogene Ziele zu erreichen.

Jeder kann das Ziel psychologischer Kriegsführung sein, einschließlich Regierungen, bestimmte Gruppen von Menschen, Organisationen und sogar Einzelpersonen. Sie ist nicht auf Soldaten des Militärs beschränkt. Die psychologische Kriegsführung nutzt die immense Macht des Internets, um die Bevölkerung feindlicher Nationen direkt anzusprechen und sie dazu zu bringen, sich gegen ihre eigenen Regierungen zu wenden.

Soziale Medien ermöglichen die Verbreitung von Unwahrheiten und Falschmeldungen in einem Ausmaß, das es in der Geschichte der Menschheit noch nie gegeben hat. Analysten entdecken immer wieder Beweise für trügerische und manipulierte Bilder und Videos, die nicht nur in Umlauf gebracht wurden, sondern auf Social Media-Plattformen viral gingen. Solche Täuschungen in den sozialen Medien waren während des syrischen Bürgerkriegs, der militärischen Intervention der Russen in der Ukraine im Jahr 2014 und sind auch während des russisch-ukrainischen Krieges im Jahr 2022 weit verbreitet.

Interessanterweise wird die psychologische Kriegsführung von vielen Militärstrategen als nützliches Werkzeug angesehen. Sie hilft ihnen, Kriege zu gewinnen, ohne Blutvergießen und ohne ihre eigenen Männer zu verlieren. Sun-Tzu, der chinesische Militärstratege, erklärte, dass es für jeden Militäroffizier ideal ist, die Sicherheit aller Soldaten seiner Armee, seines Bataillons oder seiner Truppe zu gewährleisten und gleichzeitig Wege zu finden, das feindliche Gebiet zu durchbrechen und Schlachten zu gewinnen. Seiner Meinung nach ist die psychologische Kriegsführung der beste Weg, um dies zu erreichen, denn Kriege zu gewinnen ist nicht so wichtig wie die Armee des Feindes kampflos zu besiegen.

Die Techniken der psychologischen Kriegsführung haben dazu beigetragen, Kriege zu gewinnen und die Herzen und Köpfe der Zivilisten der anvisierten Nation oder Gruppe zu erobern. Einige Strategen glauben, dass es eine gute Sache ist, die Stimmungen, Emotionen und Meinungen der Menschen auf freundliche Weise zugunsten der eigenen nationalen Interessen zu verändern, und psychologische Kriegsführung, insbesondere die Kategorie der weißen Propaganda, hilft dabei.

Als mündige, gebildete Weltbürger müssen wir jedoch wissen, wann diese Taktiken eingesetzt werden, um uns auf eine Art und Weise zu unterwandern, die zwar freundlich erscheinen mag, am Ende aber unsere Persönlichkeit und unsere ethnische Zugehörigkeit ohne unser Wissen neu definieren könnte. Wir müssen tief graben und den ursprünglichen Zweck von Nachrichten, viralen Kampagnen etc. herausfinden, damit uns nicht die Möglichkeit genommen wird, vernünftige Entscheidungen zu treffen, die gut für uns sind, sowohl persönlich als auch als Gesellschaft und auf nationaler Ebene. Der Aufbau von Wissen ist der Schlüssel für das Wachstum und die Entwicklung der Bürger, und es ist unsere Pflicht, dies zu tun.

Viele der Ursprünge der heute verwendeten Taktiken der psychologischen Kriegsführung stammen aus berühmten Büchern wie *Der Fürst* von Nicolo Machiavelli und *Die Kunst des Krieges* von Sun Tzu. Und schließlich ist die psychologische Kriegsführung eine zivile Aktivität, auch wenn das Militär sie einsetzt. Sie ist ein sehr wichtiges

Instrument, das von fast allen Ländern der Welt angewandt wird, um nationale Ziele zu erreichen, sowohl in Kriegs- als auch in Friedenszeiten.

Kapitel 2: Die Geschichte der psychologischen Kriegsführung

In diesem Kapitel erfahren wir, wie Propaganda in der Geschichte eingesetzt wurde, wobei der Schwerpunkt auf der modernen Darstellung liegt.

Manipulation und Fehlinformationen über die sozialen Medien stiften nicht nur Verwirrung, sondern fördern auch Gewalttaten und verstärken Feindseligkeiten in der ganzen Welt.
https://pixabay.com/es/photos/noticias-falsas-broma-prensa-4881488/

Es mag den Anschein haben, dass die psychologische Kriegsführung eine Erfindung der Neuzeit ist. Sie wurde jedoch schon während unserer gesamten geschriebenen Geschichte eingesetzt, wofür es zahlreiche Beweise gibt. Wenn zum Beispiel die mächtigen Römer schon vor Beginn der Schlacht rhythmisch mit ihren Schwertern schlugen, geschah dies, um ihren Feinden Angst, Schrecken und Furcht einzuflößen. Schon vorher setzte Kyros der Große psychologische Kriegsführung gegen die Babylonier ein und Philipp II. gegen Athen.

Auch in den antiken Zivilisationen wurden Taktiken der psychologischen Kriegsführung eingesetzt. Die Schlacht bei Pelusium wurde 525 v. Chr. zwischen den Persern und den Ägyptern ausgetragen. In dieser Schlacht hielten die Perser Katzen als Geiseln, wohl wissend, dass die Ägypter sie verehrten und anbeteten. Auf diese Weise versuchten die Perser, sich einen psychologischen Vorteil gegenüber ihren Feinden zu verschaffen, denn sie wussten, dass die Ägypter den Katzen nichts antun würden.

Dschingis Khan, der mongolische Herrscher aus dem 13. Jahrhundert, galt als ein erstaunlicher Kriegsstratege. Er setzte die psychologische Kriegsführung ausgiebig in seinen militärischen Strategien ein. In Schlachten, in denen seine Truppen klein waren, ließ er jeden seiner Soldaten nachts drei Fackeln tragen, um den Anschein zu erwecken, seine Armee sei dreimal so groß wie in Wirklichkeit, was seine Feinde vor Angst erzittern ließ.

Eine weitere Strategie, um die Herzen seiner Feinde mit Angst zu erfüllen, war die Konstruktion von Pfeilen mit Pfeifen. Das Geräusch hunderter pfeifender Pfeile, die durch die Luft flogen, versetzte die feindlichen Soldaten in unvorstellbare Angst und sie flohen oft vom Schlachtfeld oder wurden getötet, noch bevor sie Zeit hatten zu reagieren. Er nahm die abgetrennten Köpfe der toten Soldaten und katapultierte sie über die Mauern der feindlichen Territorien. Der Anblick der herabfallenden abgetrennten menschlichen Köpfe versetzte die Dorfbewohner in Angst und Schrecken. Schauen wir uns einige dieser antiken Taktiken der psychologischen Kriegsführung etwas genauer an:

Psychologische Kriegsführung in der Antike

Es wird angenommen, dass **Alexander der Große** einer der ersten Pioniere war, der eine ausgeklügelte psychologische Kriegsführung einsetzte, um die griechische Vorherrschaft über die ganze Welt auszudehnen. Er kombinierte geschickt Einschüchterung und freundschaftliche Bündnisse. Vor ihm marschierten die Heerführer einfach durch Städte und Nationen, plünderten und brandschatzten alles, töteten wahllos die Männer und behielten den Reichtum, das Gold und die Frauen.

Alexander machte das anders. Nachdem er ein Land durch Schlachten erobert hatte, ließ er eine kleine Truppe zurück, ohne die Städte zu zerstören. Er bemühte sich, mit den gesellschaftlichen Eliten aller eroberten Nationen freundlich umzugehen und führte die griechische Kultur langsam ein, so dass sie sich mit der lokalen Kultur assimilierte. Diese Vorgehensweise sorgte dafür, dass die Menschen in den eroberten Städten keine Ablehnung gegenüber Alexander und der griechischen Armee empfanden.

Man darf jedoch nicht vergessen, dass die griechischen Soldaten nur vordergründig freundlich waren, denn sie wollten die griechische Kultur durchsetzen. Auch wenn dies oberflächlich betrachtet nett erschien, war es für die Menschen in den besetzten Gebieten psychologisch beunruhigend. Meistens kapitulierten sie eher aus Angst als aus anderen Gründen.

Cyrus der Große gründete das Persische Reich. Nachdem er viele kleine Städte in und um die Regionen des heutigen Iran erobert hatte, hatte er es auf etwas Größeres abgesehen: die mächtige Stadt Babylon. Seine Taktik der psychologischen Kriegsführung beruhte auf perfektem Timing. Der große persische König wartete auf den richtigen Zeitpunkt, um in Babylon einzumarschieren.

Die Babylonier ärgerten sich über die Gleichgültigkeit und Respektlosigkeit ihres Anführers (Nabodius) gegenüber ihrer Hauptgottheit Marduk. Die Hohepriester Babylons waren besonders verärgert und wütend auf Nabodius. Zudem kämpfte der König seit mehr als 11 Jahren gegen die Königreiche in und um Babylon, um wichtige Handelsrouten zu kontrollieren. Auch die Babylonier hatten die Nase voll von den unerbittlichen Kämpfen.

Das war der Zeitpunkt, zu dem Cyrus Babylon angriff. Er machte sich die Unzufriedenheit der babylonischen Bürger und der Hohepriester zunutze. Außerdem schürte er den Hass auf Nabodius durch Propaganda, die seine Vertreter verbreiteten. Als die Wut des Volkes ihren Höhepunkt erreicht hatte, griff er Babylon an und konnte mit der Hilfe der unzufriedenen Priester einen leichten Sieg erringen.

Julius Caesar war einer der politisch versiertesten Führer aller Zeiten, auch heute noch. Er war ein meisterhafter Manipulant und nutzte seine brillanten strategischen Fähigkeiten, um viele Kriege durch psychologische Kriegsführung zu gewinnen. Eine seiner cleveren Taktiken half ihm, sich an den Galliern zu rächen, die 390 v. Chr. Rom erobert hatten. Im Jahr 58 v. Chr. begann Julius Caesar, Pläne für diese Rache zu schmieden.

Zunächst griff er ein ressourcenreiches Land in der Nähe der von den Kelten kontrollierten Gebiete an. Zu dieser Zeit schloss er Freundschaft mit den Galliern und den gallischen Stämmen, die ihm bei seinen Expansionsplänen halfen. Er wurde bei ihnen beliebt und wohlwollend aufgenommen. Aber 52 v. Chr. hatten die Gallier genug von Caesar und seinen Plänen, die Herrschaft des Römischen Reiches zu erweitern.

Die belgischen Gallier griffen die Römer zuerst an, in der Hoffnung, die gallische Armee zu konsolidieren und die römische Expansion zu verhindern. Doch Caesar hatte seinen Plan inzwischen perfektioniert. Seine Legionen zerschlugen die eindringenden Gallier, drängten sie nach Ost- und Nordeuropa zurück und hielten den Rest Europas unter römischer Kontrolle.

Die Assyrer waren berüchtigt für ihre gewalttätigen und einschüchternden Kriegstaktiken, eine der ältesten Formen der psychologischen Kriegsführung. Sie setzten brutale Mittel der Pfählung ein, um Angst und Schrecken in den Herzen der Menschen zu verbreiten, die sie angreifen und erobern wollten. Antike Darstellungen sind der Beweis dafür. Sie pfählten Menschen, die sie gefangen nahmen und besiegten, aber stachen auch einen Pfahl durch ihren Körper. Der grausame Anblick versetzte sowohl einfallende Armeen als auch Kriminelle in Angst und Schrecken.

Auch die Assyrer setzten in ihren brutalen Kriegen die Methode des Häutens und Pfählens ein. Diese grausame psychologische Kriegsführung war ein Mittel zur Einschüchterung der Menschen. Zunächst wurde ein hochrangiger Edelmann (zum Beispiel der Gouverneur der Provinz) des eroberten Gebiets gehäutet. Die Haut wurde bei lebendigem Leibe abgezogen, ohne die Person zu töten, allerdings in einem Ausmaß, das ihr Leiden unerträglich machte. Dann platzierten sie die Haut an prominenten Stellen an den Mauern der eroberten Stadt, um eindringende Armeen oder diejenigen, die dem eroberten Königreich helfen wollten, abzuschrecken.

Beim Pfählen wurde der Pfahl langsam durch den Anus des Opfers eingeführt, um sicherzustellen, dass die lebenswichtigen Organe nicht verletzt wurden, denn Töten war barmherzig. Das Leiden war erbarmungslos. Das Schlimmste war, dass diese bedauernswerten Opfer viele Tage lang lebten und litten, bevor der gnädige Tod sie ereilte. Die Beobachter waren von Entsetzen erfüllt!

Andere Formen der gewaltsamen psychologischen Kriegsführung, die in der Antike eingesetzt wurden, um die Menschen in Angst und Schrecken zu versetzen, waren die Kreuzigung, die Belagerung und vieles mehr. Die moderne psychologische Kriegsführung hat den physischen Aspekt der Folter und des Schreckens abgeschwächt, aber sie versetzt die Menschen weiterhin in Angst und Schrecken, indem sie ihre Herzen und ihren Verstand angreift.

Interessanterweise gab es während der Amerikanischen Revolution ein Beispiel für eine Taktik der psychologischen Kriegsführung, die zum Nachteil der Erfinder ausfiel. Die britischen Truppen trugen farbenfrohe Uniformen, weil sie dachten, dass sie dadurch einen psychologischen Vorteil gegenüber den schlicht gekleideten amerikanischen Soldaten hätten. Diese Strategie schlug fehl, denn die helle Kleidung der britischen Soldaten machte sie zu leichten Zielen für die schlicht gekleideten, aber dadurch gut getarnten amerikanischen Soldaten.

Taktiken der psychologischen Kriegsführung im Ersten und Zweiten Weltkrieg

Als die Weltkriege stattfanden, hatten elektronische und Printmedien große Entwicklungssprünge gemacht. Diese technologischen Fortschritte machten es einfacher als je zuvor, Propaganda zu erzeugen und zu verbreiten. Die Regierungen nutzten die Massenverbreitung von Zeitungen außerhalb des Schlachtfelds, um Propaganda zu verbreiten. Auf den Schlachtfeldern erlaubten die Fortschritte in der Luftfahrt den Regierungen auch, ihre Flugzeuge einzusetzen, um Prospekte und Flugblätter hinter den feindlichen Linien abzuwerfen, um falsche und echte Informationen zu verbreiten.

Der Beginn der modernen psychologischen Kriegsführung lässt sich in erster Linie auf den Ersten Weltkrieg zurückführen, und zwar nicht nur wegen der verbesserten technologischen Fortschritte in der Druck- und Medienkommunikation, sondern auch aufgrund der Tatsache, dass die westlichen Zivilisationen stärker urbanisiert und gebildet waren als je zuvor.

Während des Ersten Weltkriegs hatten die Briten nicht nur den Vorteil, dass sie über High-Tech-Militärwaffen verfügten, sondern auch das Unterwasserkabelsystem kontrollierten, eines der prestigeträchtigsten Kommunikationssysteme jener Zeit, das es der Nation ermöglichte, Propaganda für ihre Zwecke zu verbreiten. Darüber hinaus hatten die Briten dank ihrer immensen Erfahrung bei der Kolonisierung der Welt viel Übung in kulturübergreifender und internationaler Kommunikation und diplomatischen Beziehungen, ganz im Gegensatz zu ihren deutschen Amtskollegen.

Den Deutschen gelang es nicht, innerhalb des britischen Empire in Regionen wie Indien und Irland Revolutionen anzuzetteln. Dank ihrer Erfahrung im Bereich der Kolonisierung verstanden es die Briten hervorragend, lokale Streitpunkte zu ihrem Vorteil zu nutzen. Sie überzeugten die Araber, sich gegen das Osmanische Reich zu wenden, was den Briten zugutekam.

Außerdem engagierte die britische Regierung große Schriftsteller und Redner wie G. K. Chesterton, Arthur Conan Doyle, Thomas Hardy und Rudyard Kipling, um Propagandainhalte zu schaffen. Diese Schriftsteller und Redner arbeiteten in der Propagandaagentur der britischen Regierung, die von Charles Masterman, einem einflussreichen britischen Abgeordneten, geleitet wurde.

Die von der Propaganda-Agentur erstellten antideutschen Inhalte wurden weltweit verbreitet und brachten viele neutrale Nationen gegen Deutschland auf. Die Briten warfen sogar antideutsche Propagandaflugblätter in den von Deutschland kontrollierten Gebieten ab, um die Bürger gegen die deutsche Führung aufzubringen. Diese Flugblätter brachten viele neutrale Länder und die Weltbevölkerung dazu, sich gegen Deutschland zu wenden.

Auch mit nicht-artilleristischen Geschossen wurden Prospekte und Flugblätter abgeworfen. Britische Piloten warfen auch Postkarten über den Schützengräben der deutschen Soldaten ab. Diese Postkarten wurden angeblich von deutschen Kriegsgefangenen geschrieben, die von den Briten gefangen genommen worden waren. Diese handgeschriebenen Briefe rühmten die humane Behandlung, die die Kriegsgefangenen durch ihre britischen Entführer erfahren hatten. Diese Propaganda zielte darauf ab, die Meinung der deutschen Soldaten zugunsten der Briten und gegen ihre deutschen und kaiserlichen Generäle zu lenken.

Als die Deutschen begannen, Propagandaflugzeuge abzuschießen, setzten die Briten unbemannte Ballons ein, um die Flugblätter über die deutschen Grenzen zu tragen. Die Deutschen verhängten harte Strafen für Soldaten, die diese Flugblätter nicht einreichten. Trotz dieser harten Strafen wurde mindestens eines von sieben Flugblättern nicht an die deutschen Behörden übergeben. Die deutschen Behörden behaupteten, dass viele Tausende von Soldaten auf diese Art von Propaganda hereinfielen und bereit waren, sich zu ergeben, oder zumindest den Willen verloren, für ihr Land zu kämpfen, was einen britischen Sieg leicht machte.

1915 gründeten die Briten eine Propagandazeitung namens *Le Courrier de l'Air*, die sich an die Zivilbevölkerung im deutsch besetzten Frankreich und Belgien richtete. Im Gegensatz dazu übernahm die französische Regierung die Kontrolle über die Medien, um die Verbreitung negativer Propaganda zu verhindern. Dies war jedoch nur eine defensive Haltung, bis Frankreich 1916 in die Offensive ging. Zu Propagandazwecken etablierten sie ein Image und Bilder, die das Zeitungsblatt namens *Maison de la Presse* dominierten.

1917 wurde die britische Propagandaagentur in das neu geschaffene Amt für Information eingegliedert, das sich zu einem großen Informationsministerium entwickelte, das Radio, Telegrafie, Zeitschriften, Zeitungen und sogar Kinofilme umfasste. Das Informationsministerium befasste sich in erster Linie mit antideutscher Propaganda (unter der Leitung von H. G. Wells) und Propaganda gegen das österreichisch-ungarische Reich (unter der Leitung von Robert Williams).

Robert Williams konzentrierte sich auf die spaltende Vielfalt und den mangelnden kulturellen Zusammenhalt in Österreich-Ungarn und schürte damit den Unmut der dortigen Minderheiten, insbesondere der Kroaten und Slowenen. Diese Kampagne trug wesentlich zum endgültigen Zusammenbruch dieses mächtigen europäischen Reiches bei.

Während des Zweiten Weltkriegs ist Adolf Hitlers Aufstieg zur Macht fast ausschließlich auf die von ihm verbreitete Propaganda gegen seine politischen Gegner zurückzuführen. In der Tat lernte er aus den Fehlern Deutschlands im Ersten Weltkrieg und stellte sicher, dass er die psychologische Kriegsführung in einer noch nie dagewesenen Weise strategisch einsetzte.

Die Informationen, die er verbreitete, diskreditierten seine Gegner in den Augen der deutschen Bürger und ließen ihn als die beste Option für die Herrschaft in Deutschland erscheinen. Darüber hinaus half ihm seine ausgezeichnete Redekunst, wütende und bewegende Reden zu halten, die den Nationalstolz der Deutschen weckten, auch wenn er andere für die wirtschaftlichen Probleme Deutschlands verantwortlich machte und verleumdete.

Darüber hinaus war Hitlers Strategie darauf ausgerichtet, die Zivilbevölkerung davon zu überzeugen, dass seine Herrschaft und seine Art des Regierens und Herrschens nicht nur eine vorübergehende Modeerscheinung waren, sondern die Zukunft Deutschlands. Er nannte diese Zukunft das Dritte Reich. Als Hitler 1933 deutscher Führer wurde, ernannte er Joseph Goebbels zum Propagandaminister.

Goebbels stellte Hitler als eine messianische Figur dar, die geboren wurde, um Deutschland zu retten. Diese Darstellung in Verbindung mit seinen eindringlichen Redekünsten machte Hitler zum besten Führer, den sein Land haben konnte. Diese Kampagne funktionierte glänzend. Hitler konnte die Kontrolle über die Tschechoslowakei ohne große Verluste für seine Armee und sein Militär übernehmen.

Zu Beginn des Zweiten Weltkriegs gründeten die Briten die Political Warfare Executive, um Propaganda zu entwickeln und zu verbreiten. Sie setzten leistungsstarke Sender ein, um Botschaften in ganz Europa zu verbreiten. Ziel dieser Propaganda war es, die Moral der deutschen Soldaten zu schwächen und sie zur Kapitulation aufzufordern.

Colonel John Bevan, ein berühmter britischer Soldat, leitete die London Controlling Section oder LCS. Ein weiteres Propagandateam namens A-Force wurde unter der Leitung von Brigadier Dudley Clarke gegründet. Diese beiden Propagandagruppen waren die wichtigsten Akteure der britischen Propaganda. Während des Zweiten Weltkriegs wurden Täuschungstaktiken ausgiebig in der psychologischen Kriegsführung eingesetzt.

Clarke erfand mehrere neue Methoden der Täuschung, darunter die geschickte Kombination von gefälschten Gefechtsbefehlen, Doppelagenten und visuellen und bildlichen Täuschungen. Er verdiente sich den Beinamen der größte britische Täuscher des Zweiten Weltkriegs.

Der wirkungsvollste Effekt der psychologischen Kriegsführung ergab sich, als die Amerikaner falsche Informationen über den Stichtag militärischer Operationen (D-Day) verbreiteten, die von den Deutschen abgefangen wurden. Diese falsche Information besagte, dass der D-Day an den Stränden von Calais beginnen würde. Als die gesamte Aufmerksamkeit und die Ressourcen der deutschen Streitkräfte auf Calais gelenkt wurden, starteten die Amerikaner den D-Day in der Normandie, Frankreich, und überraschten damit ihre Feinde.

Diese D-Day-Operation wurde sorgfältig geplant, wobei eine Kombination aus ausgeklügelten Täuschungen der Marine, Doppelagenten und Radiosendungen zum Einsatz kam. Kleine Flugzeuge und Schiffe simulierten Invasionsflotten in und um Calais. Die Royal Air Force (RAF) warf falsche Fallschirmjäger in Teilen der Normandie ab, die nicht direkt mit dem D-Day-Angriff zu tun hatten. Die ganze Aufregung und die erfundene Fanfare haben gut funktioniert, um die Deutschen abzulenken, so dass der Angriff in der Normandie sehr erfolgreich war. Der Erfolg des D-Day spielte eine wichtige Rolle bei der totalen Niederlage der deutschen Armee.

Die Japaner gründeten Tokyo Rose, einen Radiosender, über den gefälschte und übertriebene Siegesmeldungen der japanischen Armee gesendet wurden. Diese Kampagne zielte darauf ab, die alliierten Armeen von militärischen Angriffen abzuschrecken. Die Deutschen nutzten ein ähnliches Verfahren durch Radiosendungen mit dem Titel Axis Sally.

Techniken der psychologischen Kriegsführung während des Kalten Krieges

Nach dem Ende der beiden Weltkriege entstanden zwei Supermächte, nämlich die UdSSR und die USA, die beide darum kämpften, eine neue Rolle für sich zu finden, nicht nur in Europa, sondern auf der ganzen Welt. Der Kalte Krieg zwischen den USA und der UdSSR entwickelte sich um 1947. Er basierte auf den ausgeprägten und deutlichen Unterschieden zwischen den beiden Supermächten in Bezug auf Ideologie und Lebensstil. Beide bemühten sich intensiv um internationale Propaganda, um die Köpfe und Herzen der Menschen weltweit durch psychologische Kriegsführung zu erobern.

Die CIA der USA und der KGB der Sowjetunion waren aktive Teilnehmer am Kalten Krieg, der etwa 40 Jahre dauerte. Die

Amerikaner gründeten die United Nations Information Agency, um die von der Sowjetunion durch ihre verschiedenen Propagandaagenturen verbreiteten Fehlinformationen zu bekämpfen. Die psychologische Kriegsführung der Sowjetunion zielte darauf ab, die neu gegründeten unabhängigen Länder unter ihren Einfluss zu bringen. Die psychologische Kriegsführung war in der gesamten zweiten Hälfte des 20. Jahrhunderts das dominanteste und am weitesten verbreitete Mittel, das die beiden Supermächte zur Bekämpfung nicht-kommerzieller Kriege einsetzten.

Letztendlich wurde der Kalte Krieg ausschließlich durch psychologische Kriegsführung von den USA gewonnen. Der damalige US-Präsident war Ronald Reagan. Er veröffentlichte detaillierte Pläne für eine Anti-Atomrakete namens Star Wars Strategic Defensive Initiative oder SDI. Diese Rakete sollte in der Lage sein, abgeschossene Atomwaffen zu zerstören, bevor sie wieder in die Erdatmosphäre eintreten.

Damals wusste niemand, ob diese Pläne nur auf dem Papier existierten oder ob diese Raketen tatsächlich gebaut wurden. Der damalige russische Präsident Michail Gorbatschow glaubte jedoch daran und war der Meinung, dass der Bau von Raketen gegen US-Atomwaffen seine Regierung in den Bankrott treiben würde. Also stimmte er zu, die Verhandlungen mit den USA wieder aufzunehmen, was zu dauerhaften Verträgen über die Kontrolle von Atomwaffen und dem Ende des Kalten Krieges führte.

Taktiken der psychologischen Kriegsführung während des Vietnamkriegs

Während des Vietnamkriegs setzten die USA in großem Umfang psychologische Kriegsführungstaktiken ein, die unter dem Namen Phoenix-Programm zusammengefasst wurden, vor allem gegen die Nationale Befreiungsfront (NLF) oder den Vietkong, wie sie allgemein genannt wurden. Die psychologische Taktik der USA zielte darauf ab, die Zunahme von Sympathisanten und Anhängern des Vietkong zu verhindern.

Die brutale Tötung von Vietkong-Mitgliedern versetzte die überlebenden Anhänger und Sympathisanten in Angst und Schrecken, so dass sie dem Vietkong nicht mehr helfen wollten. Außerdem belohnten sie diejenigen, die gegen die NLF-Mitglieder arbeiteten.

Diese Doppelstrategie schwächte die NLF erheblich.

Die USA verwendeten auch Tonbänder mit verzerrten Geräuschen und spielten diese nachts in der Nähe der Lager der vietnamesischen Soldaten ab. Diese furchterregenden Geräusche ließen die vietnamesischen Soldaten glauben, die Toten kämen zurück und wollten sich rächen!

Moderne Techniken der psychologischen Kriegsführung der CIA

Die CIA setzt psychologische Kriegsführungstechniken in der heutigen Zeit ausgiebig ein. Sie setzte rechte Contra-Kräfte ein, um die linke sandinistische Regierung in Nicaragua zu destabilisieren und zu stürzen, sowie illegale Fernsehsendungen gegen die Panamesen. Die CIA nutzte TV Marti, um Propaganda gegen die kubanische Regierung zu verbreiten. Die USA schlugen brutal auf die Anschläge vom September 2001 zurück und setzten dabei bis zum Irak-Krieg die Schock und Ehrfurcht - Strategie ein. Bei dieser Strategie bombardierten die USA Bagdad zwei Tage lang unerbittlich und versetzten die Bürger und die Machthaber in einen schrecklichen Zustand von Angst und Schrecken. Diese Strategie brach den Willen der Soldaten, und sie ergaben sich schnell.

Der Plan funktionierte, weil die irakische Armee nur symbolischen Widerstand leistete. In weniger als einem Monat nach den zweitägigen unerbittlichen Bombardements behaupteten die USA und die verbündeten Koalitionsstreitkräfte, sie hätten den Irakkrieg gewonnen. Propaganda wird auch von Dschihadisten eingesetzt. ISIS rekrutiert seine Anhänger in aller Welt über soziale Medien und andere Online-Plattformen.

Techniken der psychologischen Kriegsführung im Russland-Ukraine-Konflikt

Manipulationen und Fehlinformationen über die sozialen Medien stiften nicht nur Verwirrung, sondern fördern auch Gewalttaten und verstärken Feindseligkeiten in der ganzen Welt. Diese Art von Medienrummel ist in erster Linie dafür verantwortlich, dass sich die Auswirkungen des Krieges weit über die beiden beteiligten Länder hinaus ausbreiten.

Es stimmt, dass viele Länder psychologische Kriegsführung betreiben, insbesondere über das Internet. Laut einem von der Universität Oxford veröffentlichten Bericht mit dem Titel *The Global Disinformation Order 2019 Global Inventory of Organized Social Media Manipulation* soll jedoch nur Russland für 30 Angriffe auf die Wahlen in anderen Ländern verantwortlich gewesen sein. Ein weiterer Bericht, der die russische Sichtweise der Manipulation sozialer Medien unterstützt, wurde 2019 vom Australian Strategic Policy Institute unter dem Titel *Hacking Democracies* veröffentlicht.

Aus den oben beschriebenen historischen Ereignissen wird deutlich, dass Fehlinformationen und Manipulationen für die Menschheit nichts Neues sind. Aber die Zunahme der sozialen Medien, der Propaganda und der Fehlinformationen hat ein noch nie dagewesenes Ausmaß angenommen. Leider haben Fehlinformationen dazu beigetragen, Unterstützung für zahlreiche Menschenrechtsverletzungen, einschließlich Völkermord, zu gewinnen.

Der Kreml ist dafür berüchtigt. Dr. Jon Roozenbeek, Postdoctoral Fellow der British Academy am Cambridge Social Decision-Making Lab, hat dokumentiert, dass Russland die Feindseligkeit gegen die Ukrainer und die ukrainische Regierung geschürt hat. Das Dokument von Dr. Roozenbeek wurde als Bericht mit dem Titel *Media and Identity in Wartime Donbas, 2014-2017* von der Universität Cambridge veröffentlicht.

Russland hat erfolgreich eine andere Taktik der psychologischen Kriegsführung angewandt, den so genannten *Gish Gallop,* was so viel wie schnelles Lügen bedeutet. Laut Dr. Roozenbeek verbreitete der Kreml ständig die Lüge, dass ein ukrainischer Angriff die Katastrophe der Malaysian Airlines 2014 verursacht habe. Diese Schnellfeuerlüge diente dazu, Verwirrung, Chaos und Desillusionierung in der Welt zu stiften. Diese Art von Lügen verwirrt die Menschen so sehr, dass sie nie die Wahrheit herausfinden.

Eine weitere Taktik der psychologischen Kriegsführung Russlands besteht darin, die Ukraine und ihre westlichen Unterstützer als böse und hinterhältig dastehen zu lassen. Diese abwertenden Botschaften Russlands sollen die Welt glauben machen, dass der rachsüchtige Krieg, den es gegen die Ukraine führt, gerechtfertigt und moralisch richtig ist.

Und doch dürfen wir nicht vergessen, dass fast alle Länder (einschließlich der Ukraine, die im Russland-Ukraine-Konflikt anscheinend weltweite Sympathie genießt) Fehlinformationen und Manipulationen in den sozialen Medien nutzen, um moderne Schlachten und Kriege zu gewinnen.

Psychologische Kriegsführung wurde, und wird auch weiterhin eingesetzt werden, solange es Konflikte zwischen Menschen gibt. Als mündige, gebildete Weltbürger müssen wir so viel wie möglich über diese Taktiken lernen, dürfen nicht darauf hereinfallen und müssen vor allem lernen, nicht vorschnell zu urteilen, weder für noch gegen eine Nation oder eine Gruppe von Menschen.

Die Welt ist so grau wie sie nur sein kann. Je mehr wir dies akzeptieren, desto leichter wird es für die psychologische Kriegsführung, ungerecht, unmoralisch und unethisch über das Schicksal von Nationen, Prinzipien usw. zu entscheiden. Je mehr wir über psychologische Kriegsführung lernen, desto weniger subjektiv werden unsere Ansichten. Wir werden in die Lage versetzt, reife Entscheidungen zu treffen, ohne auf die Spielereien der Führer hereinzufallen.

Kapitel 3: Dunkle Persönlichkeiten

Dunkle Persönlichkeiten haben bestimmte sozial abgeneigte Eigenschaften, die von Gier über Gehässigkeit und Sadismus bis hin zu Psychopathie reichen und auch Machiavellismus und Narzissmus umfassen. Psychologen fassen Narzissmus, Machiavellismus und Psychopathie unter einer Kategorie zusammen und nennen sie die dunkle Triade.

Es gibt wissenschaftliche Belege dafür, dass Menschen mit den Persönlichkeitsmerkmalen der Triade Schwierigkeiten haben, Beziehungen außerhalb ihrer selbst aufzubauen und zu pflegen.
https://www.pexels.com/photo/young-sad-woman-with-closed-eyes-5723265/

Die dunkle Triade und ihre Psychologie

Das Konzept der dunklen Triade wird in der angewandten Psychologie, der klinischen Psychologie und der Strafverfolgung ausgiebig verwendet. Psychologen und psychologische Profiler in den Strafverfolgungsbehörden gehen davon aus, dass diejenigen, die bei den oben genannten Merkmalen eine höhere Punktzahl erreichen, mit größerer Wahrscheinlichkeit Verbrechen begehen werden. Schauen wir uns jede dieser Persönlichkeiten ein wenig genauer an.

Bevor wir uns mit den dunklen Triaden befassen, sollten wir eines nicht vergessen: Sie sind nicht als beleidigende oder leichtfertige Bezeichnungen gedacht. Es gibt zahlreiche wissenschaftliche Belege dafür, dass Menschen mit den Persönlichkeitsmerkmalen der Triade Schwierigkeiten haben, Beziehungen außerhalb ihrer selbst aufzubauen und zu pflegen. Ihr Selbstverständnis ist nicht mit den akzeptierten moralischen und ethischen Verhaltensregeln in Einklang zu bringen. Sie können sehr unsympathisch, sehr egoistisch und egozentrisch und manipulativ sein. Es fehlt ihnen an Einfühlungsvermögen.

Die Forschung ist immer noch dabei, diese Persönlichkeiten zu verstehen und herauszufinden, wie der Rest der Welt mit ihnen und ihren einzigartigen, aber schwierigen Charakterzügen umgehen kann. Außerdem ist es wichtig zu wissen und zu bedenken, dass sich die drei Persönlichkeitsmerkmale der dunklen Triade unterschiedlich äußern. Nur geschulte und qualifizierte Psychologen können Menschen genau diagnostizieren. Der Durchschnitt unter uns kann leicht ein Merkmal als ein anderes fehlinterpretieren.

Narzissmus

Narzissten leben davon, sich selbst aufzuwerten. Sie werden von einer ungewöhnlichen Motivation angetrieben, von anderen als attraktiv, erfolgreich und positiv angesehen zu werden. Im Gegensatz zu den anderen drei Persönlichkeitstypen der Triade neigen Narzissten dazu, ihren Ruf und ihr Image sehr aggressiv zu verteidigen, selbst bei einfachen, relativ unbedeutenden und belanglosen Drohungen oder Kommentaren (zumindest aus der Sicht normaler Menschen).

Narzisstische Menschen sind übermäßig auf sich selbst und ihre Selbstbeweihräucherung fokussiert, und Gespräche mit ihnen drehen sich um ihre finanziellen, körperlichen, beruflichen und sozialen

Erfolge. Narzissmus ist durch Größenwahn und Anspruchsdenken gekennzeichnet. In den früheren Tagen des Verständnisses von Narzissten glaubten Psychologen, dass eine solche Persönlichkeit fast immer mit der Überwindung eines geringen Selbstwertgefühls verbunden ist.

Doch Menschen, die von Narzissmus betroffen sind, können sehr verletzlich sein. Wenn sie feststellen, dass sie ihre Persönlichkeitsprobleme nicht in den Griff bekommen, überschneiden sich ihre Züge leider mit denen von Psychopathen.

Anzeichen für einen Narzissten

Narzissmus ist eine klinisch diagnostizierte Persönlichkeitsstörung, die durch ein extremes Bedürfnis nach Bewunderung, einen ausgeprägten Sinn für Grandiosität und einen völligen Mangel an Empathie für alle und jeden gekennzeichnet ist. Diese auch als narzisstische Persönlichkeitsstörung (NPS) bezeichnete Erkrankung äußert sich bei den Betroffenen durch ein ständiges, unerbittliches Bedürfnis nach Bewunderung, ein Gefühl und Verhalten, das von einem Anspruchsdenken, Arroganz, Selbstherrlichkeit und Ausbeutung geprägt ist. Im Folgenden werden einige Anzeichen von NPS ausführlich erklärt, damit Sie wissen, wann Sie es mit einem Betroffenen zu tun haben.

Anspruchsdenken und Überlegenheit - Sich überlegen zu fühlen ist eines der offensichtlichsten Anzeichen für einen Narzissten. Diese Überlegenheit ist nicht mit Selbstvertrauen zu verwechseln. Ein Narzisst glaubt, dass alles und jeder in der Welt in die Kategorien gut/schlecht, minderwertig/überlegen und richtig/falsch eingeteilt ist.

Sie haben eine klare Hierarchie in ihrem Kopf und in diesem System stehen sie selbst ganz oben, der einzige Platz in der imaginären Hierarchie, an dem sie sich sicher fühlen. Sie müssen die Kompetentesten, die Besten und immer im Recht sein. Sie müssen jeden und alles besitzen und kontrollieren.

Auf die gleiche Weise, aber in die entgegengesetzte Richtung, fühlen sich Narzissten auch dadurch überlegen, dass sie am kränksten oder am meisten verletzt sind, am schlimmsten sind oder am meisten Unrecht haben. Aus diesem Gefühl der Überlegenheit heraus fühlen sich Narzissten berechtigt, von Ihnen Zuwendung und Pflege zu verlangen. Sie glauben sogar, dass sie das Recht haben, Sie zu kränken und dafür zu sorgen, dass Sie sich schuldig fühlen, damit sie sich selbst besser fühlen.

Ein extremes Verlangen nach Kontrolle - Sie wollen alles und jeden um sich herum kontrollieren. Sie wollen und verlangen Kontrolle und interessanterweise halten sie dieses Verlangen für richtig, weil sie sich berechtigt und überlegen fühlen.

Ein ständiges Bedürfnis nach Bestätigung und Aufmerksamkeit - Sie brauchen ständig Aufmerksamkeit und erreichen dies auf scheinbar unsinnige Weise, indem sie Ihnen durch das Haus folgen, Sie dazu bringen, nach Dingen zu suchen, die sie dringend brauchen, oder indem sie ständig etwas sagen, um Ihre Aufmerksamkeit auf sich zu ziehen.

Sie wollen von anderen bestätigt werden, obwohl das nicht viel zählt. Ganz gleich, wie oft Sie ihnen sagen, dass Sie sie bewundern und lieben, es ist nie genug. Wenn Sie versuchen, sie mit Positivem zu überhäufen, werden sie zu einem Trichter, durch den Ihre Bewunderung einfach ins Leere läuft, denn sie glauben nicht daran, dass Sie sie lieben.

Perfektionismus - Das dringende Bedürfnis nach dem unmöglich zu erreichenden Perfektionismus in allen Aspekten ihres Lebens und der Menschen um sie herum sorgt dafür, dass Narzissten immer unglücklich und unzufrieden sind.

Mangelnde Verantwortung - Narzissten wollen keine Verantwortung übernehmen, es sei denn, die Dinge laufen so, wie sie sollen. Sie suchen immer nach Möglichkeiten, anderen die Schuld zu geben, wenn etwas schiefläuft, während sie ihre Fassade des Perfektionismus aufrechterhalten.

Sie haben keine Grenzen - Sie glauben, dass alles und jeder um sie herum ihnen gehört. Sie sind bereit, alles zu tun, um das zu bekommen, was sie von Ihnen haben wollen.

Sie haben kein Einfühlungsvermögen - Sie können die Gefühle anderer einfach nicht verstehen und können sich in niemanden einfühlen, auch nicht in ihre eigenen Kinder und Angehörigen. Außerdem erkennen sie nicht, dass ihre Gefühle durch ihre eigenen Gedanken und Interpretationen verursacht werden. Sie geben Ihnen die Schuld für ihre negativen Gefühle.

Sie sehen alles um sich herum als Bedrohung an - Sie sind nicht in der Lage, die Körpersprache richtig zu deuten bzw. interpretieren sie oft falsch. Daher deuten sie alle subtilen Gesichtsausdrücke negativ, so dass sie sich von jedem bedroht fühlen. Das ist der Grund, warum Narzissten Witze als persönliche Angriffe und Sarkasmus als tatsächliche Zustimmung missverstehen.

Ihre Entscheidungen werden nur auf der Grundlage ihrer Gefühle getroffen - Wenn sie sich schlecht fühlen, läuft etwas oder jemand falsch. Sie treffen Entscheidungen nur aufgrund ihrer Emotionen. Außerdem suchen sie immer nach Lösungen für ihre emotionalen Probleme außerhalb ihrer selbst. Wenn sie sich langweilen oder traurig sind, beenden sie vielleicht Beziehungen, gründen ein großes Unternehmen oder verletzen jemanden, um ihre Traurigkeit oder Langeweile zu überwinden. Sie erwarten einfach, dass andere ihr ganzes Leben nach ihren Lösungen ausrichten, wobei sie irritiert und verärgert sind, wenn das nicht der Fall ist.

Angst vor Spott und Ablehnung - Ihre Angst vor Spott und Ablehnung ist so groß, dass es ihnen extrem schwerfällt, anderen zu vertrauen.

Persönlichkeitsspaltung - Die Persönlichkeiten von Narzissten spalten alles in ihrem Leben in zwei Teile auf, in das Gute und das Schlechte. Alle schlechten Gedanken oder negativen Dinge werden anderen angelastet, während sie die Quelle für all die guten Dinge in ihrem Leben sind. Wenn es um das Gedächtnis und das Erinnern geht, ist es dasselbe. Sie erinnern sich entweder an wunderbare und großartige Dinge oder an schreckliche und schlechte. Sie können die beiden Extreme nicht kombinieren oder ein Gleichgewicht zwischen ihnen finden.

Angst beherrscht ihr Leben - Angst ist ein wesentlicher Bestandteil des Narzissmus. Das Schlimmste daran ist, dass sie ihre Ängste auf ihre Lieben und Freunde projizieren und sie der Negativität und mangelnden Unterstützung beschuldigen. Wenn Sie das Opfer dieser Anschuldigungen sind, fühlen sie sich umso besser, je schlechter Sie sich fühlen.

Aufgrund all der oben genannten Eigenschaften können Narzissten nie wirklich Liebe finden. Sie können nie mit jemandem auf einer emotionalen Ebene in Verbindung treten. Am Ende sind sie einsam, traurig und bedrückt, was sie wiederum wütend und nachtragend macht. Wenn solche Menschen nicht gut mit narzisstischen Zügen umgehen, können sie sich in gewalttätige Soziopathen verwandeln, um ihre angesammelten geistigen und emotionalen Probleme zu überwinden.

Machiavellismus

Menschen mit machiavellistischen Zügen sind langfristige Planer und Strategen. Weder Emotionen noch sexuelle Begierden motivieren sie. Stattdessen werden sie von einer Agenda angetrieben, die langfristige Manipulationen erfordert. Machiavellisten sind sowohl gerissen als auch pragmatisch und daher extrem gefährlich. Alles, was für sie zählt, ist ihre Agenda; sie kümmern sich nicht um die Menschen, die auf dem Weg dorthin betroffen sein könnten.

Interessanterweise sind sie weniger impulsiv als die beiden anderen Typen. Dennoch lügen, betrügen oder stehlen sie gerne für ihre eigenen Interessen, insbesondere wenn sie wissen, dass das Risiko, erwischt zu werden, sehr gering ist. Der Unterschied zwischen normalen Menschen und Machiavellisten ist folgender. Normale Menschen vermeiden es, aufgrund ihrer persönlichen Ideale und Prinzipien oder aus Schuldgefühlen heraus zu betrügen, zu stehlen oder zu lügen. Umgekehrt werden Machiavellisten diese unmoralischen Handlungen nicht begehen, wenn sie nicht ihrem Eigeninteresse dienen und sie nicht damit durchkommen können.

Anzeichen für einen Machiavellisten

Die Adjektive, mit denen Machiavellisten beschrieben werden, sind manipulativ, hinterhältig, egoistisch und skrupellos. Sie sind jedoch auch äußerst charmant, inspirierend und ehrgeizig. Das Problem ist, dass diese bewundernswerten Eigenschaften leider durch unerwünschte Eigenschaften überdeckt werden. Aufgrund dieser Verwirrung und des Konflikts in machiavellistischen Persönlichkeiten ist es sehr schwierig, Beziehungen mit ihnen zu führen, vor allem, wenn sie nur auf persönlichen Gewinn aus sind und auf nichts anderes.

Das Wort stammt von dem berühmten italienischen Renaissance-Diplomaten Nicolo Machiavelli. Er hat ein Buch mit dem Titel *Der Fürst* geschrieben, in dem er einen politischen Wegweiser gibt, wie Sie Ihre Ziele mit allen Mitteln erreichen können, egal ob Sie dabei fair sind oder Ihr Ziel mit unlauteren Mitteln erreichen. Es ist wichtig, sich daran zu erinnern, dass das Wort selbst kein tatsächlicher klinischer Begriff ist, sondern dass eine solche Persönlichkeit in der Psychologie als eine der drei dunklen Triaden eingestuft wird. Im Folgenden finden Sie einige Anzeichen, an denen Sie erkennen können, ob Sie es mit einem Machiavellisten zu tun haben.

- **Manipulation** - Machiavellisten tun alles, um ihren Willen durchzusetzen, einschließlich betrügen, lügen und sogar schmeicheln. Sie sind brillant darin, Menschen zu lesen und ihre Ängste und Schwächen zu erkennen. Sie nutzen die Ängste und Schwächen der Menschen gegen sie aus, um ihren Willen durchzusetzen. Machiavellisten zeichnen sich dadurch aus, dass sie langfristig planen und strategisch vorgehen.

  Zunächst setzen sie ihren Charme ein, um Menschen zu täuschen. Sie täuschen Sympathie vor, beugen die Regeln und tricksen die Menschen aus, um sie auf ihre Seite zu ziehen. Später zögern sie jedoch nicht, Aggressionen einzusetzen und sich gegen die Menschen zu wenden, die sie ausgetrickst haben. Ihnen fehlt es an Moral und Ethik und sie sind bereit, Schaden anzurichten, um ihren Willen durchzusetzen.

- **Betrug** - Für Machiavellisten ist Wissen Macht. Sie wissen, dass alle Arten von Informationen nützlich sind. Aus diesem Grund geben sie Informationen, die sie haben, nur dann an andere weiter, wenn sie selbst etwas davon haben. Aus demselben Grund sind sie gerissen genug, um nützliche Informationen von anderen zu erhalten. Sie sind auch brillant darin, harmlose Informationen in etwas Böses zu verdrehen.

- **Eigeninteresse** - Machiavellisten sind Zyniker und glauben, dass jeder auf dieser Welt für sein Eigeninteresse arbeitet. Diese zynische Einstellung hindert sie daran, enge Beziehungen zu irgendjemandem aufzubauen, denn sie vertrauen nicht leicht. Geld, Macht und Materialismus sind für Machiavellisten wichtiger als Menschen.

  Sie sind so egoistisch, dass Bindungen und Pakte keine Bedeutung haben, was sie extrem illoyal macht. Ein wichtiges Merkmal, das Machiavellisten von Psychopathen und Narzissten unterscheidet, ist, dass das Bedürfnis nach Aufmerksamkeit keine treibende Kraft ist. Sie wollen nicht im Mittelpunkt der Aufmerksamkeit stehen. Sie sind durch reines Eigeninteresse motiviert.

- **Wettbewerbsorientiert** - Machiavellisten sind sehr wettbewerbsorientiert und sehen jeden in ihrer Umgebung als Konkurrenten. Sie sind nur dann ein Teamplayer oder halten sich zurück, wenn sie wissen, dass dies von Vorteil ist.

Machiavellisten reagieren sehr sensibel auf die Machtdynamik in einer bestimmten Situation oder Umgebung und können leicht zwischen konkurrierenden und kooperativen Taktiken wechseln, je nachdem, was ihnen hilft, ihren Willen durchzusetzen.

- **Ehrgeiz** - Machiavellisten sind extrem ehrgeizig und nutzen Manipulation und Kontrolle, um ihre Ziele zu erreichen. Im Jahr 2016 wurde in einer Studie mit dem Titel *When the dark ones gain power: Perceived position power strengthens the effect of supervisor Machiavellianism on abusive supervision in work teams* wurde von OPOS (Organization & Processes of Organizing in Society), Network Institute und Organization Sciences durchgeführt. Sie zeigte, dass Manager und Führungskräfte mit einem machiavellistischen Persönlichkeitstyp dazu neigen, unnahbar und missbräuchlich zu sein. Diese Beobachtung hat Forscher zu der Annahme veranlasst, dass eine Machtposition machiavellistische Züge verstärken könnte.

- **Mangel an Emotionen** - Machiavellisten fehlt es an Mitgefühl und Empathie. Sie können weder ihre eigenen Emotionen noch die anderer Menschen erkennen. Diese emotionslose Persönlichkeit gibt ihnen die Macht, alles zu tun, was nötig ist, um ihre Ziele zu erreichen.

Psychopathie

Von den drei Typen der dunklen Triade haben Psychopathen die größte Fähigkeit und Neigung zu Aggression und Grausamkeit gegenüber Menschen und allen anderen Lebensformen. Sie neigen eher dazu, zu tyrannisieren, zu schikanieren und Rache zu üben als die beiden anderen Persönlichkeiten der dunklen Triade.

Psychopathen und Narzissten haben in Bezug auf ihre Persönlichkeit viele Eigenschaften gemeinsam. Psychopathen zeichnen sich jedoch durch ihre ausbeuterische Natur aus, die durch ihren extremen Egoismus und ihre zwischenmenschliche Dreistigkeit angetrieben wird. Psychopathische Züge werden daher mit Hilfe von Maßstäben und Rahmenwerken der klinischen Psychologie gemessen.

Psychopathen erscheinen rücksichtslos oder unvorsichtig, weil sie gerne Risiken eingehen und sich nicht durch Vorsicht und Hemmungen zügeln lassen, was dazu führt, dass sie Regeln und Vorschriften rücksichtslos und sinnlos brechen und beugen.

Anzeichen für einen Psychopathen

Es ist ein Mythos, der in Filmen und Fernsehserien gezeigt wird, dass alle Psychopathen gestört und/oder Mörder sind. Einer der gefährlichsten Aspekte von Psychopathen ist, dass sie so normal erscheinen wie jeder andere auch. Im wirklichen Leben ist es wahrscheinlicher, dass es sich bei einem Psychopathen um Ihren Freund, Kollegen, Ex oder sogar ein Familienmitglied handelt. Im Gegensatz zu normalen Menschen können Psychopathen Ihrem Verstand zu schaffen machen.

Wenn Sie in Ihrem Leben mit einem Psychopathen zu tun haben, ist es sehr wahrscheinlich, dass Sie sich verwirrt und verunsichert fühlen. Sie sind von Selbstzweifeln geplagt und fragen sich, was mit Ihnen los ist. Hier sind einige Anzeichen, die Sie darauf aufmerksam machen könnten, dass Sie es mit einem Psychopathen zu tun haben.

- **Sie kommen sehr charmant rüber** - Charme ist eine der offensichtlichsten Eigenschaften eines Psychopathen. Der Charme eines Psychopathen ist dynamisch und ändert sich je nach den Schwächen und Bedürfnissen der Zielperson. Zum Beispiel wird ein Psychopath Geschenke und Schmeicheleien einsetzen, um jemanden zu bezaubern, der diese Elemente genießt. Der Psychopath wird sich absichtlich schüchtern und zurückhaltend verhalten, wenn er sich jemandem nähert, der sich von solchen Eigenschaften angezogen fühlt. Der Charme des Psychopathen ändert sich je nach den Bedürfnissen der Zielperson. Sie sind großartig darin, ihren Zielpersonen das Gefühl zu geben, etwas Besonderes zu sein.

  Es ist ganz offensichtlich, dass der Charme eines Psychopathen sehr oberflächlich ist. Psychopathen ändern ihr Verhalten wie Chamäleons und passen ihre Persönlichkeit ständig an die Bedürfnisse ihrer Zielpersonen an. Eine der besten Möglichkeiten, um herauszufinden, ob Sie es mit einem Psychopathen zu tun haben, ist, Ihre gewöhnlichen Freunde und Familienmitglieder zu fragen, was sie von ihm halten. Wenn es viele Ungereimtheiten in ihren Beschreibungen der Person und der Art und Weise, wie sie sich ihr gegenüber verhält, gibt, könnte dies ein Zeichen dafür sein, dass die

Person psychopathische Züge aufweist.

- **Sie haben keine Schuld- oder Schamgefühle** - Wenn normale Menschen lügen, betrügen, stehlen oder etwas Unmoralisches tun, sind Reue und Schuldgefühle die üblichen Emotionen, die in ihnen aufkommen. Psychopathen empfinden keine solche Schuld, Scham oder Reue. Es ist nicht so, dass sie sich des Schmerzes, den sie anderen durch ihr Verhalten zufügen, nicht bewusst wären.

Sie wissen es sehr wohl, und dieses Wissen treibt sie dazu an, Menschen weiterhin zu verletzen, ohne etwas zu fühlen. Ein Psychopath wird sich nur dann für sein schlechtes Verhalten entschuldigen, wenn er sein Gesicht wahren will oder wenn er noch etwas von Ihnen braucht. Das ist das emotionale schwarze Loch, mit dem Sie konfrontiert werden, wenn Sie mit psychopathischen Persönlichkeiten zu tun haben.

- **Sie erzeugen negative Reaktionen und Antworten** - Sie lieben und gedeihen im Chaos. Daher neigen sie dazu, absichtlich Chaos zu verursachen und sich zurückzulehnen, um zuzusehen, wie sich der Spaß entfaltet, einschließlich der Schuldzuweisungen an andere für ihre Reaktionen. Sie werden Sie provozieren, und wenn Sie schlecht reagieren, werden sie sich umdrehen und Ihnen sagen, dass sie dieses Thema nicht mehr mit Ihnen diskutieren werden, und das auch noch in einem herablassenden Ton. Das geht so lange, bis Sie das Gefühl haben, dass Sie verrückt werden.

Am Arbeitsplatz fabrizieren psychopathische Kollegen negative Situationen, um Ihnen negative Antworten und Reaktionen zu entlocken und Sie so vor Ihren Vorgesetzten und Kollegen zu untergraben und Ihre Glaubwürdigkeit im Büro zu schmälern. Wenn Sie das Gefühl haben, dass jemand Sie ködert und dann überrascht auf Ihre Reaktion reagiert, sollten Sie sich darüber im Klaren sein, dass Sie es mit psychopathischen Persönlichkeitsmerkmalen zu tun haben könnten.

- **Sie hetzen Menschen gegeneinander auf** - Psychopathen tuscheln ständig und verbreiten Klatsch und Tratsch über alle anderen, alles unter dem Deckmantel der Unschuld und der vorgetäuschten Besorgnis. In einem Team führt diese Art von Verhalten dazu, dass sich die Mitglieder gegeneinander wenden, angetrieben von Eifersucht und Misstrauen, die oft unbegründet und irrational sind.

Ihr eigenes Bedürfnis nach ständiger Aufmerksamkeit treibt diese Haltung an. Auf diese Weise wenden sich die Menschen gegeneinander und die Psychopathen selbst sind bei ihren Freunden sehr gefragt. Hier ist ein Hinweis, um dieses Zeichen zu erkennen. Wenn Sie plötzlich feststellen, dass Sie jemanden ohne Grund hassen, selbst jemanden, den Sie noch nie zuvor getroffen haben oder dem gegenüber Sie eine besondere Abneigung verspüren, dann überprüfen Sie die Person, die Ihnen negative Informationen über diese Person gibt. Es könnte sich um die Manifestation eines psychopathischen Wesenszuges handeln.

- **Sie sind zwanghafte Lügner** - Psychopathen können nicht anders, als zu lügen. Sie brauchen keinen Grund, um Unwahrheiten zu erzählen. Tatsächlich könnten die Lügen die Situation für sie verschlimmern, aber sie werden trotzdem lieber lügen, als die Wahrheit zu sagen. Für solche Menschen ist das Lügen ein Ergebnis ihrer wechselnden Persönlichkeiten und Verhaltensweisen. Und wie andere dunkle Persönlichkeitstypen auch, werden sie, wenn sie sie mit ihren Lügen konfrontieren, sich umdrehen und Ihnen die Schuld für ihr Verhalten zuschieben.

  Sie verschwinden von der Bildfläche und verraten Sie ohne zu zögern. Psychopathen haben keinen Sinn für Loyalität. Sie werden ohne mit der Wimper zu zucken ihre Loyalität wechseln und jeden verraten. Als Opfer fühlen Sie vielleicht eine starke Bindung oder Verbindung zu einem Psychopathen. Es ist jedoch wichtig, sich daran zu erinnern, dass er diese starke Bindung zu jedem herstellen kann und Sie verraten wird, wenn er eine andere Person oder Situation findet, die für ihn vorteilhafter ist, weil er Sie verraten oder seine Loyalität geändert hat.

Denken Sie daran, dass ein Psychopath dazu neigt, bei Ihnen kognitive Dissonanz zu erzeugen. Die Anwesenheit eines Psychopathen in Ihrem Leben ist oft durch eine deutliche Zunahme von Selbstzweifeln und unerklärlicher Angst gekennzeichnet. Diese Person wird Ihr Herz und Ihren Verstand mit der Vorstellung von einem perfekten Ich füllen. Und Sie werden anfangen, sich ständig mit dieser perfekten Vorstellung von sich selbst zu vergleichen, die nur geschaffen wurde, um die Saat für Selbstzweifel und kognitive Dissonanz zu legen. Sie müssen unbedingt auf diese Veränderung Ihrer Einstellung achten, sich selbst korrigieren und sich des Psychopathen bewusst werden, der in Ihr Leben getreten ist, um Gegenmaßnahmen zu ergreifen.

Wissenschaftliche Studien über die dunklen Triaden

Es wurden und werden zahlreiche Studien über die drei dunklen Triaden durchgeführt. Einige dieser Studien, in denen die oben genannten Merkmale festgestellt wurden, sind:

Die früheste Studie über Machiavellismus wird Richard Christie, Department of Psychology, Columbia University, Florence L. Geis, Department of Psychology, Delaware, und mehreren anderen Wissenschaftlern und Experten zugeschrieben. Diese Studie wurde unter dem Titel *Front Matter* veröffentlicht - und ist online auf ScienceDirect verfügbar.

Eine weitere Studie, *Facets of the Dark Triad: Utilizing the Five-Factor Model to describe Machiavellianism,* wurde von einem Team von Psychologen der Oklahoma State University und der Drake University durchgeführt, um die Beziehungen zwischen den drei Persönlichkeitstypen der dunklen Triade zu verstehen.

Eine kürzlich durchgeführte Studie mit dem Titel *The Dark Triad, Love Components, and Attachment Styles in Romantic Relationship Experiencing During Young Adulthood* wurde von Radka Copkova, Department of Economics, Technical University of Kosice, Slowakei, und Eva Lorincova, Faculty of Arts, Pavol Jozef Šafárik University, Slowakei, durchgeführt. Dicsc Studie befasste sich mit den Persönlichkeiten der dunklen Triade und ihren Liebes- und Romantikbeziehungen.

Diese und viele andere Studien haben Psychologen geholfen zu verstehen, wie solche Menschen in der Welt funktionieren und agieren. Der folgende Abschnitt soll Ihnen einige Anregungen geben, wie Sie Anzeichen erkennen können, die Sie darauf aufmerksam machen könnten, dass Sie es mit Menschen zu tun haben, die einer oder mehreren Persönlichkeiten der dunklen Triade angehören.

Eine letzte Frage, die am Ende dieses Kapitels beantwortet werden muss, lautet: Warum leben dunkle Persönlichkeiten, um zu manipulieren?

Im Allgemeinen handeln Manipulanten und dunkle Persönlichkeiten aus einem oder allen der folgenden Gründe:

- Um ihre persönlichen Ziele und Wünsche zu erreichen

- Um ihr Ego zu schützen

- Um Sympathie, Mitleid oder Aufmerksamkeit von anderen zu erhalten

- Um ihre Opfer zu dominieren, zu bestrafen und zu kontrollieren

Sie könnten aber auch andere egoistische Gründe für ihr Verhalten haben.

Menschen, die manipulative Taktiken anwenden, könnten aus dysfunktionalen Familien stammen. Sie kennen nur diese Art zu leben und glauben, dass dominantes und manipulatives Verhalten die einzige Möglichkeit ist, zu leben. Sie glauben, dass sie auf diese Weise ihre Ziele erreichen und ihre Bedürfnisse befriedigen können. Menschen aus dysfunktionalen Familien neigen zu Manipulationen, weil sie nicht gelernt haben, wie man Dinge auf die richtige Weise angeht.

Kapitel 4: Beispiele für politische Propaganda

Propaganda ist in politischen Kontexten leider weit verbreitet. Propaganda bezieht sich in solchen Szenarien auf die Bemühungen von Regierungen, politischen Gruppen und verdeckten Interessen mit der gleichen Absicht wie im Krieg. In diesem Kapitel wird das Konzept der politischen Propaganda anhand einiger berüchtigter Beispiele erläutert.

Propaganda wird fast immer eingesetzt, um eine bestimmte Sichtweise und Agenda zu fördern und zu verbreiten.

https://www.pexels.com/photo/food-city-people-street-6039866/

Das Uncle Sam Army Rekrutierungsposter aus dem Ersten Weltkrieg

Auf diesem Poster zeigt Uncle Sam anklagend auf den Betrachter. Es wurde von James Montgomery Flagg entworfen und gestaltet, um die moralische Verantwortung der amerikanischen Bürger zu wecken, für ihr Land zu kämpfen, und um die Jugend zu ermuntern, sich für den Krieg zu melden. Dies ist eines der einprägsamsten Bilder, die in dieser Zeit entstanden sind.

Uncle Sam ist seit langem ein Symbol für den amerikanischen Patriotismus. Die meisten Historiker glauben und akzeptieren die folgende Geschichte darüber, wie Uncle Sam zu einem Synonym für die Vereinigten Staaten wurde.

Der Name stammt von Sam Wilson, einem New Yorker Kaufmann, der die amerikanischen Truppen während des Krieges von 1812 mit Rindfleisch belieferte. Bei seinen Freunden und Verwandten war er als Uncle Sam bekannt, und seine Rindfleischfässer waren mit den Initialen US versehen, was für die Vereinigten Staaten stand. Aber viele Soldaten hielten das US für ein Akronym für Uncle Sam, den Rindfleischlieferanten. Dieser Glaube verbreitete sich, und bald waren Uncle Sam und die Vereinigten Staaten unwiderruflich miteinander verbunden.

Das Plakat war also ein großer Erfolg und die damit verbundene Propaganda sorgte dafür, dass sich viele junge Leute für den Kriegsdienst meldeten. Emotionale Appelle spielten bei der Durchführung dieser Rekrutierungskampagne eine große Rolle. Im Ersten Weltkrieg ließ die US-Regierung Millionen von Exemplaren drucken. Auch im Zweiten Weltkrieg wurde es verwendet.

Das Rosie Riveter Poster aus dem Zweiten Weltkrieg

Dieses ikonische Plakat zeigt eine Fabrikarbeiterin, die ihre Muskeln anspannt, und die Bildunterschrift lautet: *We Can Do It.* Es wurde entworfen, um Frauen zur Teilnahme an den Kriegsanstrengungen im Zweiten Weltkrieg aufzufordern. Die Inspiration hinter dem Plakat ist die heute 93-jährige Mae Krier. Sie arbeitete zwischen 1943 und 1945 in der Boeing-Flugzeugfabrik in Seattle, wo sie B-17 und B-29 für den

Zweiten Weltkrieg produzierte.

Die Propaganda des Plakats funktionierte so gut, dass Frauen, die während des Zweiten Weltkriegs in Fabriken arbeiteten, die Schiffe, Panzer, Flugzeuge und ähnliche Materialien bauten, sich Rosie nannten. Vor allem aber wurden mehr als 350.000 amerikanische Frauen in Uniform und als Zivilistinnen auf amerikanischem Boden und in Übersee für die Kriegsanstrengungen rekrutiert.

Triumph des Willens

Dieser Film wurde gedreht, um für Adolf Hitler und das Nazi-Regime zu werben. Er gilt als einer der wirkungsvollsten Propagandafilme, die je gedreht wurden. Er wurde von Leni Riefenstahl produziert und man glaubt, dass sie das Gesicht des Dokumentarfilms und die Art und Weise, wie er gemacht wurde, verändert hat. Dieser Film ist einer der ersten beobachtenden Dokumentarfilme in der Geschichte des Dokumentarfilms. Er zeigte verschiedene Ereignisse, an denen Adolf Hitler teilnahm, darunter Paraden, Bilder, Reden, Massenversammlungen und mehr.

Abgesehen von den Reden Hitlers und anderer Nazi-Führer gibt es im gesamten Dokumentarfilm keinen gesprochenen Kommentar. Als dieser Film im März 1935 veröffentlicht wurde, wurde er als Meisterwerk gefeiert. Einige wurden von ihm inspiriert, andere wiederum waren von den Darstellungen im Film bis ins Mark erschüttert, was ihn zu einem der wirkungsvollsten politischen Propagandafilme aller Zeiten macht.

Propagandatechniken bei den US-Präsidentschaftswahlen

Politische Propaganda wird schon seit langem eingesetzt. Die meisten Politiker sind nicht so moralisch/ethisch, dass sie nicht auch ein gewisses Maß an politischer Propaganda einsetzen, um die Oberhand zu gewinnen. Viele Experten glauben, dass Trump und sein Team bei den US-Präsidentschaftswahlen 2016 politische Propaganda sehr geschickt und effektiv eingesetzt haben.

Trump nutzte Angst, um seine Wähler dazu zu bringen, ihn zu unterstützen und für ihn zu stimmen. Er spielte auf die Angriffe auf die US-Gesetzeshüter und den Terrorismus in den US-Städten an, die das tägliche Leben der Bürger bedrohen.

Solche Gespräche über Angst bringen die Menschen dazu, jemanden zu wählen, der diese Gefahren versteht, begreift und mit ihnen umgehen kann und das Land sicher hält. Er war auch für seine Beschimpfungstaktik bekannt. Er nannte seine Gegnerin, Hillary Clinton, eine Teufelin und korrupte Hillary.

Auch Hillary Clinton bediente sich in ihrem Wahlkampf politischer Propaganda. Mit Hilfe von Card-Stacking-Techniken (auf die wir später noch genauer eingehen werden) versuchte sie, die Wähler auf die großartigen Dinge aufmerksam zu machen, die sie für die Vereinigten Staaten und den Rest der Welt getan hat. Zum Beispiel betonte sie im Wahlkampf ihre Bemühungen, Osama Bin Laden, den gesuchten Terroristen, der für die Anschläge vom 11. September verantwortlich sein soll, vor Gericht zu bringen.

Warum also setzen Regierungen und politische Gruppen Propaganda ein? Propaganda wird fast immer eingesetzt, um einen bestimmten Standpunkt und eine bestimmte Agenda zu fördern und zu verbreiten. Sie wird auch eingesetzt, um das Verhalten der Menschen und ihre Meinungen zu kontrollieren. In den meisten Fällen konzentriert sich die Propaganda auf Fehlinformationen und Desinformationen, die sich beide hervorragend dazu eignen, die Meinung der Menschen zu verändern und zu formen.

Arten von politischer Propaganda

Beschimpfungen

Eine der häufigsten Formen politischer Propaganda ist die Beschimpfung der gegnerischen Mannschaften und der führenden Köpfe der Opposition mit abwertenden Begriffen. Zum Beispiel bezeichneten die Nazis während des Zweiten Weltkriegs die Juden als Ratten. Die Iraner nennen die Vereinigten Staaten den großen Satan.

Beschimpfungen sind eine einfache, aber wirkungsvolle Technik. Einflussreiche Regierungen verwenden verschiedene Namen, um verschiedene Personen oder Personengruppen zu bezeichnen, je nach Bedarf. Wenn eine Regierung zum Beispiel eine Person oder eine Gruppe in einem negativen Licht darstellen will, verwendet sie Namen und Bezeichnungen wie Terroristen oder Aufständische.

Möchte die Regierung dagegen eine Person oder eine Gruppe von Menschen bevorzugen, verwendet sie Bezeichnungen und Namen, die sie positiv darstellen. Zum Beispiel könnte eine Regierung jemanden als Freiheitskämpfer bezeichnen, auch wenn er Bomben und Waffen einsetzt! Diese Namen und Bezeichnungen werden immer wieder über zahlreiche Nachrichtenkanäle und soziale Medienplattformen verbreitet.

Leider erfordern Beschimpfungstechniken, die in der ganzen Welt verbreitet werden müssen, viel Geld und politische/positionelle Macht. Diese Ressourcen sind nur für die großen Medienhäuser verfügbar. Daher ist es für normale Bürger sehr schwierig, die Lücken und Schwachstellen zu durchschauen, die durch die Nachrichten und Talkshows dieser Top-Medienhäuser entstehen. Für diese Medienleute ist es ein Leichtes, Nachrichten und Informationen so zu verdrehen, dass sie für sie und ihre Sponsoren günstig sind.

Schauen wir uns einige Beispiele für Beschimpfungen etwas genauer an.

Terroristen

Diese Bezeichnung beschreibt den Gipfel des Bösen. Mit diesem Begriff wird eine Person bezeichnet, die einen bewaffneten Angriff auf Nationen oder Gruppen verübt hat. Wenn die Bezeichnung Terrorist für eine Person oder Gruppe verwendet wird, wird sie in der Regel mit den Personen gleichgesetzt, die für die Anschläge vom 11. September verantwortlich sind.

Auf diese Weise werden Angst und Hass gegen Terroristen geschürt. Am bekanntesten ist die Verwendung dieses Begriffs durch Präsident Bush zur Rechtfertigung des Irakkriegs.

Aufständische

Diese Bezeichnung ist etwas weniger verurteilend als Terroristen. Sie wird gegen Gruppen verwendet, die vielleicht nicht direkt etwas gegen westliche Länder planen. Der Begriff Aufständische erweckt jedoch den Eindruck, dass sie in diese Richtung denken oder Strategien verfolgen.

Militante

Militante ist eine Bezeichnung für Personen oder Personengruppen, die militärische Konflikte wollen. Diese Bezeichnung vermittelt ein negatives Bild, das mit Kriegstreibern, Aggressoren, Antipazifisten usw. gleichgesetzt wird. Ein solches Bild erzeugt in der öffentlichen Meinung eine negative Stimmung gegen die betreffenden Personen oder Gruppen.

Guerillas

Dieser abwertende Begriff bringt Bilder von schmutzigen, besudelten Wilden mit AK47 und Kopftüchern mit sich. Er wird heute nicht mehr so häufig verwendet, insbesondere nach dem Fall des Kommunismus in Sowjetrussland. Dennoch wird er verwendet, um die Angst vor Rot, dem Symbol des Kommunismus, wiederzubeleben.

Freiheitskämpfer

Dieser Begriff ist den Außenseitern (sowohl Einzelpersonen als auch Gruppen) vorbehalten, vor allem weil sie nicht in der Lage sind, groß angelegte Angriffe auf irgendjemanden zu starten. Berühmt ist, dass die Mujahedin-e Khalq, eine islamische Anti-Iran-Gruppe, in eine Gruppe von Freiheitskämpfern umbenannt wurde und ihre Namen von der US-Fahndungsliste der Terroristen gestrichen wurden.

Rebellen

Dieses Wort wird verwendet, wenn Regierungen ihre Unterstützung für eine Gruppe zeigen wollen, die sie als eine Gruppe von rechtschaffenen Menschen, die gegen eine mächtige und böse Regierung oder ein Imperium kämpfen beschreiben. Dieser Begriff verwies auf Menschen, die gegen Gaddafi in Libyen und Bashar Al Assad in Syrien waren.

Demonstranten

So wie das Wort Terroristen der Gipfel des Bösen ist, ist der Begriff Demonstranten der Gipfel der Unschuld. Propagandisten verwenden dieses Wort, um die Definition der Proteste und der Menschen, die daran teilnehmen, zu verwirren. Nehmen wir ein Beispiel, um zu verstehen, wie Verwirrung in den Köpfen der Öffentlichkeit gestiftet wird.

Nehmen wir an, eine Person aus einer Menge von Demonstranten schießt einen Polizisten nieder und die Polizei erwidert das Feuer. Die Medien berichten vielleicht nur über die Vergeltung und lassen die Öffentlichkeit im Glauben, dass der Protest friedlich war. Das verwirrt die Öffentlichkeit, denn sie beginnt zu glauben, dass auch ihre friedlichen Proteste auf diese Weise behandelt werden können.

Interessanterweise werden die Demonstranten, wenn immer mehr Demonstranten zu den Waffen greifen und zu schießen beginnen und die Medien das Wort Demonstranten nicht mehr verwenden können, zu Freiheitskämpfern oder Rebellen, je nach dem gewünschten Ergebnis.

Appell an die Emotionen

Propaganda ist in hohem Maße von den Emotionen des Zielpublikums abhängig. Angst und Wut sind die häufigsten Emotionen, die von Propagandisten als Zielpublikum genutzt werden.

Mitläufertum

Bei dieser Technik wird Gruppenzwang eingesetzt, um die Meinung der Menschen zu beeinflussen oder sie zu überzeugen, etwas zu tun. Ein klassisches Beispiel für eine Mitläufer-Taktik ist die folgende Aussage eines Kandidaten, der sich zur Wahl stellt: Ihre gesamte Gemeinschaft arbeitet für mich. Also sollten Sie auch für mich stimmen.

Manipulierung von Informationen

Hier geht es um die falsche Darstellung oder Verzerrung von Fakten, um die Meinung der Menschen zu formen und zu beeinflussen. Ein klassisches Beispiel ist, wenn ein politischer Kandidat falsche Behauptungen über einen Gegner aufstellt, um dessen Ruf zu beschmutzen und ihn in den Augen der Wähler schlecht aussehen zu lassen.

Verängstigungstaktik

Diese Technik wird eingesetzt, um den Menschen Angst zu machen (oft mit einem schlimmeren Szenario), damit sie sich der Agenda der Propagandisten anschließen. Ein Beispiel: Eine Kampagne kann den Menschen Angst machen, dass sie einen Kriminellen zum Führer wählen könnten, wenn sie nicht für den Kandidaten der Propaganda stimmen.

Verwendung falscher Statistiken

Die Verwendung falscher und nicht überprüfbarer Statistiken ist ein gängiges Mittel der politischen Propaganda. Ein Beispiel: Eine Kampagne behauptet, dass ihr Kandidat von der Bevölkerung stärker unterstützt wird als ein Konkurrent. Dies muss überhaupt nicht stimmen.

Verwendung von Symbolen

Symbolik ist ein mächtiges Instrument der politischen Propaganda. Ein unvergessliches Beispiel für den Einsatz von Symbolen in der politischen Propaganda ist das Hakenkreuzzeichen der Nazis. Den Anhängern der Nazis wurde vorgegaukelt, dass das Zeichen ihre ethnische Reinheit repräsentiert.

Unrealistische Ziele versprechen

Viele politische Parteien machen bei Wahlen unrealistische Versprechen, um Stimmen zu gewinnen. Zum Beispiel kann ein Kandidat versprechen, die Armut zu beenden, was eindeutig unrealistisch ist.

Verwendung von Slogans

Slogans sind eingängige Phrasen, die ein Konzept, eine Idee oder sogar ein unrealistisches Versprechen zusammenfassen. Der Lieblingsslogan der Trump-Kampagne war *Make America Great Again*.

Verwendung des Images des einfachen Mannes

Das Image des einfachen Mannes oder des einfachen Volkes ist eine Technik, bei der durchschnittliche, gewöhnliche Bürger dazu gebracht werden, Kandidaten oder Konzepte zu unterstützen. Die Logik dahinter ist, dass der Kandidat der von dem einfachen Bürger unterstützt wird, der ansonsten kein politisches Interesse hat, schlichtweg ein guter Kandidaten sein muss. In vielen politischen Kampagnen gibt es Werbespots und Anzeigen, in denen einfache Bürger um Stimmen werben.

Assoziationen

Bei dieser Technik werden positive Assoziationen mit einem Kandidaten verwendet, um ihn bei der Zielgruppe beliebt erscheinen zu lassen. Zum Beispiel wird das Bild eines Kandidaten immer von der Landesflagge begleitet, um ihn patriotisch erscheinen zu lassen.

Referenzen

Referenzen kommen in Form von Befürwortungen durch berühmte und angesehene Persönlichkeiten aus der Gesellschaft. Berühmte Persönlichkeiten werden häufig aufgefordert, politische Kandidaten zu unterstützen, in der Hoffnung, die Fans dieser Persönlichkeiten davon zu überzeugen, für sie zu stimmen.

Fokus auf positive Eigenschaften

Dieser Ansatz konzentriert sich nur auf die positiven Eigenschaften eines Bewerbers. Zum Beispiel könnte die ehrenamtliche Arbeit eines Kandidaten in einem örtlichen Waisenhaus besonders hervorgehoben werden, in der Hoffnung, ihn als freundlich und großzügig erscheinen zu lassen. Die negativen Eigenschaften des Bewerbers werden überhaupt nicht erwähnt.

Stereotypisierung

Diese Technik konzentriert sich auf eine zu starke Vereinfachung und Verallgemeinerung, wenn es um den Persönlichkeitstyp des gegnerischen Kandidaten geht. Dabei werden oft ungenaue und negative Stereotypen verwendet, um die Gegner zu beschreiben.

Schillernde Verallgemeinerungen

Allgemeine Begriffe mit positiver Konnotation, aber ohne Bedeutung oder Substanz werden als schillernde Verallgemeinerung bezeichnet. Ein Beispiel: Ein Kandidat sagt immer wieder: Ich werde für den Wandel sorgen, ohne näher darauf einzugehen, welchen Wandel er damit meint!

Reizwörter und geladene Sprache

Reizwörter richten sich gegen den Gegner. Zum Beispiel: „Ich sage nicht, dass er oder sie ein schlechter Mensch ist, aber..." Aber ist ein Reizwort, das den Eindruck erweckt, die andere Person sei schlecht, wenn auch indirekt. Kraftvolle Sprache oder Wörter sind das Gegenteil und werden zu Gunsten eines Kandidaten verwendet. Ein Beispiel: Die Aussage „Er ist ein Abtreibungsgegner" scheint dem Kandidaten moralisches und emotionales Gewicht zu verleihen.

Wie Sie es vermeiden, Opfer politischer Propaganda zu werden

Eine der besten Möglichkeiten, Beschimpfungen zu erkennen, ist diese. Je häufiger eine Gruppe von der Presse mit einem bestimmten Namen oder Begriff bezeichnet wird, desto größer ist die Wahrscheinlichkeit, dass die Presse die Anweisung erhalten hat, Beschimpfungen vorzunehmen, die einer bestimmten Agenda entsprechen.

Eine weitere gängige Methode, um zu vermeiden, dass Sie durch Propaganda manipuliert werden, besteht darin, sich kontinuierlich über die verschiedenen Propagandatechniken zu informieren, die in der Politik eingesetzt werden. Bewerten Sie die Informationen kritisch, prüfen Sie mehrere Quellen und verifizieren Sie die Fakten, bevor Sie eine Entscheidung treffen. Und zu guter Letzt sollten Sie sich vor emotionalen Appellen hüten und immer wieder hinterfragen, ob die Informationen, die Sie erhalten, korrekt sind.

Kapitel 5: Gehirnwäsche durch Gedankenkontrolle: Die Medien

Eine der mächtigsten Taktiken der psychologischen Kriegsführung ist die Gehirnwäsche oder Gedankenkontrolle, die häufig und effektiv von den Medien eingesetzt wird. Ironischerweise ist eine freie Presse einer der grundlegenden Aspekte einer intakten Demokratie. Wenn die Bürger Zugang zu genauen und umfassenden Informationen haben, sind sie in der Lage, eine vernünftige Wahlentscheidung zu treffen, so dass die von ihnen gewählte Regierung für ihre Interessen eintritt, wie es in einem guten demokratischen System der Fall sein sollte.

Eine der wirksamsten Taktiken der psychologischen Kriegsführung ist die Gehirnwäsche oder Gedankenkontrolle, die häufig und effektiv von den Medien eingesetzt wird.

Der Niedergang einer effektiven Presse in fast allen Demokratien ist daher traurig. Gehirnwäsche ist das Tagesgeschäft, denn die gedankenlosen Talkshows und Live-Nachrichten lassen die unglücklichen Bürger verwirrt und verunsichert zurück.

Die Idee der Gehirnwäsche verstehen

Für Gehirnwäsche gibt es viele Bezeichnungen, darunter Gedankenkontrolle, Gedankensteuerung, mentaler Missbrauch und Zwangsbeeinflussung. Es handelt sich um eine Technik, bei der eine Einzelperson oder eine Gruppe (der Manipulant) unethische Manipulationstaktiken systematisch einsetzt, um andere dazu zu bringen, sich ihren Meinungen, Standpunkten und Wünschen anzupassen. Oft ist das Endergebnis für die Menschen, die einer Gehirnwäsche unterzogen wurden, von Nachteil.

Gehirnwäsche ist eine extreme Maßnahme, und die meisten von uns assoziieren den Begriff mit geheimnisvollen Sekten. Wir glauben nicht, dass es sich um etwas handelt, das wir in unserem täglichen Leben erleben. Diese Ansicht ist völlig falsch, denn die Medien nutzen diese Technik üblicherweise und häufig in Form von Werbung, Nachrichten usw. Sehen wir uns einige der Techniken der Gehirnwäsche an, die überall eingesetzt werden:

- Der Manipulant versorgt Sie mit einem ständigen Strom kurzer, abwechslungsreicher Informationsschnipsel zu verschiedenen Themen, was dazu führt, dass Ihre Intelligenz und Ihre Fähigkeit zum Selbstdenken gedämpft werden. Dieser ständige Strom kurzer, schneller Informationsschnipsel trainiert Ihr Kurzzeitgedächtnis und führt dazu, dass Sie sich von einem Übermaß an Daten überwältigt fühlen. Das Gefühl der Überforderung erreicht schließlich ein solches Ausmaß, dass Ihnen die Antwort und Lösung des Manipulanten als die beste Option erscheint.

- Der Manipulant scheint Ihnen eine breite Palette von Möglichkeiten anzubieten, aber wenn Sie genauer hinsehen, führen alle Möglichkeiten zum gleichen Ergebnis oder zur gleichen Schlussfolgerung, nämlich zu dem, was er will.

- Ein vorgegebener Gedanke oder Satz wird mehrfach wiederholt, damit er sich in den Köpfen der Zielgruppe festsetzt.

Emotionale Manipulation oder Gehirnwäsche versetzt Sie in einen gesteigerten Gefühlszustand, so dass Sie Ihres Sinns für Logik und Objektivität beraubt werden. Auch hier sind Angst und Wut zwei der wichtigsten Emotionen, die eingesetzt werden, um maximale Ergebnisse zu erzielen.

Verschiedene Arten von Gehirnwäsche-Techniken, die von den Medien eingesetzt werden

Wenn Sie an die Medien denken, werden Ihnen bereits Beispiele der oben genannten Techniken in den Sinn kommen. Vielleicht ist Ihnen zum Beispiel aufgefallen, dass Nachrichtensender immer wieder eine Nachricht erwähnen, um ihren Standpunkt zu verdeutlichen. Das ist ein klassisches Beispiel für die von den Medien angewandte Gehirnwäsche.

Außerdem tauchen in den Nachrichtensendungen immer wieder kurze Informationsschnipsel auf. Das ist eine sehr verbreitete Taktik, die die Medien heute anwenden. Vielleicht haben Sie schon bemerkt, dass den ganzen Tag über vertikal oder horizontal laufende Nachrichtenticker eingeblendet werden. Schauen wir uns das genauer an.

Emotionale Werbung

Emotionale Werbung ist ein mächtiges Mittel der psychologischen Kriegsführung für die Medien, und diese Taktik wird unter dem Deckmantel des geschäftlichen Erfolgs großzügig eingesetzt. Laut dem Autor Dan Hill, der für sein Buch *Emotionomics: Leveraging Emotions for Business Success* bekannt ist, benötigen Emotionen im Vergleich zu unseren kognitiven Prozessen nur 1/5 der Zeit, um sie sensorisch zu verarbeiten. Experten sind der Meinung, dass es weniger als 3 Minuten dauert, bis wir eine Gefühlsreaktion haben.

Wir alle wissen und haben die Erfahrung gemacht, dass Emotionen einen weitaus stärkeren Einfluss auf unser Handeln haben als der Verstand. Tatsächlich schaffen Emotionen langanhaltende und instinktive Erinnerungen in unserer Psyche, so dass wir auch in Zukunft dazu neigen, die gleiche Handlung zu vollziehen. Das ist die Macht der emotionalen Reaktion und der Grund, warum emotionale Werbetechniken für Manipulanten so gut funktionieren.

Wenn Sie sich an einen der Werbespots erinnern, die Sie bewegt haben, werden Sie feststellen, dass die meisten Ihrer Käufe eine emotionale Reaktion auf die Werbung waren. Für Werbetreibende und die Medien sind Gefühle pures Gold. Emotionen treiben uns dazu, nicht nur zu den Taschentüchern, sondern auch zu unseren Brieftaschen zu greifen.

Eine interessante Analyse von Trend Hunter Marketing (bei der 55 emotionale Marketingkampagnen verglichen wurden) ergab, dass wartende Hunde und Nostalgie weitaus beliebter waren als skandal- und abenteuerbezogene Werbespots. Emotionale Kampagnen sind für eine viel höhere Konvertierungsrate verantwortlich als jede andere Art von Kampagne.

Zum Glück für die Menschheit werden einige dieser Kampagnen, die die Emotionen auf ein unangemessenes Maß treiben, auch angefeindet, insbesondere diejenigen, die sich auf medizinische Produkte beziehen. Ein Beispiel: Ein weltweit tätiges Pharmaunternehmen schaltete eine Anzeige für Herzkrankheiten, in der ein Mann in einem Sessel saß, ohne zu bemerken, dass sich sein Zimmer langsam mit Wasser füllte. Natürlich wird das Produkt, das diesen Mann retten könnte, nirgends in der Werbung erwähnt.

Dennoch wurde dieser Werbespot von Marketingfachleuten, Kardiologen und anderen Medizinern heftig kritisiert. Sie sagten, es sei beschämend, dass das Unternehmen eine so extreme Form des Terrors verwendet. Wir dürfen jedoch nicht vergessen, dass Angst die Emotion ist, die Vermarkter am häufigsten einsetzen, mal auf subtile und mal auf weniger subtile Weise. Das Gleiche gilt auch für Nachrichtensender.

Panikmache

Dies ist der unsinnigen Angstmacherei ein paar Schritte voraus. Mit der Panik kommt eine Angst, die die volle Kontrolle über unser Leben übernimmt. Wir fühlen uns verängstigt und terrorisiert, wenn wir Nachrichtensender sehen, die unablässig über angsteinflößende Themen wie Schweinegrippe, Rezession, Einwanderer usw. berichten. Getrieben von unnötiger Panik beginnen wir, die Menschen zu hassen, die scheinbar für solche Themen verantwortlich sind.

Der Grund, warum Panikmache funktioniert, ist, dass Panik der schnellste Weg ist, Rationalität und gesunden Menschenverstand zu umgehen. In Abwesenheit von Rationalität ist es ein Leichtes, das Publikum alles glauben zu machen.

Rufmord

Eine der einfachsten Möglichkeiten, eine ausgewogene Debatte zu verhindern oder die Verteidigung einer Person zu unterbrechen, besteht darin, ihre Glaubwürdigkeit anzugreifen. Rufmord ist der einfachste Weg, Gegner loszuwerden, indem man ihre Intelligenz, ihre Motive und sogar ihren Verstand schlecht macht.

Eine der gängigsten Methoden, Menschen zu diskreditieren, besteht darin, sie mit verschiedenen Namen zu versehen, wie z.B. Liberale, Progressive, Hippies, usw. Rufmord sorgt dafür, dass es keinen Raum für echte Debatten gibt.

Die Geschichte umschreiben

Propagandisten sind sehr gut darin, historische Tatsachen so umzuschreiben, dass sie mit ihren Ansichten übereinstimmen. Die Irak-Kriege wurden auf der Grundlage dieser Technik geführt. In den Memos der Downing Street hieß es, das Regime von Saddam Hussein sei sehr hart und beruhe auf Angst und die einzige Möglichkeit, es zu beenden, sei die Kriegserklärung an sein Land.

Das Schlimmste an der Umschreibung der Geschichte durch die Medien ist, dass sie dies so selbstbewusst und mit einer solchen Autorität tun, dass die Gelegenheitszuschauer (und das sind viele; wir müssen lernen, vorsichtig zu sein!) anfangen, den Glauben an das zu verlieren, was sie für Tatsachen hielten.

Verdrehung oder Projektion

Bei dieser Technik wird ein Argument ohne Sinn und Verstand verdreht. Dies geschieht häufig, wenn sich die Redner am falschen Ende der Argumentationskette wiederfinden. Beim Verdrehen wird eine hinterhältige Taktik angewendet und dem Gegner in die Schuhe geschoben, indem behauptet wird, sie sei zuerst bei Ihnen selbst angewandt worden.

Nehmen wir zum Beispiel an, dass in einer Diskussionssendung über den Klimawandel gesprochen wird und der gegnerische Redner vernünftige Beobachtungen macht (aber gegen den Standpunkt des Moderators). In diesem Fall wirft der Moderator dem Redner einfach vor, dass er seine wissenschaftlichen Fakten nicht belegen kann! Diese Technik kann für jemanden, der wirklich an der Debatte interessiert ist, sehr frustrierend sein.

Ausgrenzung oder Sündenbockfunktion

Die Medien wenden diese grausame, aber einfache Taktik vor allem bei denjenigen an, die sich verängstigt oder unsicher fühlen. Sie kombiniert Ablenkung mit Angstmacherei. Es geht dabei um Folgendes. Eine bestimmte Gruppe wird ins Visier genommen, um die Schuld für etwas, eigentlich für alles, einschließlich sozialer und wirtschaftlicher Probleme, auf sich zu nehmen. Diese Gruppe wird zum Sündenbock. Sobald die Schuld zugewiesen wird, ist alles gegen die Gruppe gerechtfertigt, einschließlich Gewalt und Entmenschlichung, Abwälzung der Verantwortung für den ihr zugefügten Schaden usw.

Mobbing und Verwirrung stiften

Viele Moderatoren von Nachrichtensendern und anderen Medien sind für ihre Mobbing-Taktiken bekannt. Auch hier gilt, dass Mobbing und Geschrei sehr gut bei Menschen mit geringem Selbstvertrauen funktionieren. Die Moderatoren von Talkshows beschimpfen, beleidigen und schikanieren Gäste mit geringem Selbstvertrauen und zwingen sie zur Unterwerfung und Nachgiebigkeit. Infolgedessen wird dem Publikum vorgegaukelt, dass der Gastgeber mit seinen Ansichten richtig lag und der Gast im Unrecht war.

Menschen mit geringem Selbstvertrauen werden auch von Verwirrungstaktiken getroffen. Die Moderatoren von Nachrichtensendungen verwirren absichtlich ein Argument und bestehen darauf, dass ihre Logik richtig ist. Diejenigen, die anderer Meinung sind, werden als zu dumm zum Verstehen oder fanatisch abgestempelt. Die gewöhnlichen Zuschauer, die nicht immer in der Lage sind, unabhängig zu denken, glauben, dass der Moderator einen ausgeklügelten Denkprozess anwendet, wodurch er auf ein hohes Podest gestellt wird.

Ablenkung

Beim Ablenkungsmanöver wechselt der Moderator oder Kommentator mitten in einer hitzigen Diskussion vorhersehbar, aber plötzlich zu einem anderen verwandten oder nicht verwandten Thema, um sich der Verantwortung zu entziehen. Eine der häufigsten Methoden zur Ablenkung ist *Lassen Sie uns weitermachen*. Wenn die gegnerische Person die Diskussion wieder auf das vorherige Thema zurückführen will, wird sie als Ablenker bezeichnet, was im Grunde genommen eine Ablenkungs-/Projektionstaktik darstellt.

Bildung und Intellektualität werden verspottet

Heutzutage ist die Missachtung und Verhöhnung von Bildung und Intellektualismus eine Form der medienbezogenen Gehirnwäsche-Taktik. Die Presse behauptet, dass höhere Bildung elitär ist und nicht als glaubwürdig angesehen werden sollte, um Urteile und Meinungen zu fällen. Menschen mit einem Hochschulabschluss werden daher verspottet und herabgewürdigt. Intellektuelle sind oft die Zielscheibe abfälliger Bemerkungen und werden als staatsfeindlich angesehen.

Sättigung

Die Sättigung der Medien setzt sich aus drei Komponenten zusammen:

- Wiederholung
- Beständigkeit
- Allgegenwärtigkeit

Der Zweck dieser drei Komponenten ist, dass die beabsichtigte Botschaft konsequent und überall wiederholt wird. Sättigung bedeutet, dass die Botschaft immer wieder von allen Kommentatoren, Nachrichtensprechern und Nachrichtensendern wiederholt wird. Sie muss wiederholt verbreitet werden. So wurde zum Beispiel die Botschaft, dass Saddam Massenvernichtungswaffen hat, unablässig wiederholt, um den Irakkrieg zu rechtfertigen. Die Sättigung durch Wiederholung führt leider dazu, dass die Zuschauer glauben, dass die Botschaft wahr ist, auch wenn es keinen Funken Wahrhaftigkeit oder handfeste Belege für sie gibt.

Durch Assoziation schuldig gesprochen

Viele Moderatoren hoch angesehener Nachrichtensender und Pressehäuser wenden diese Taktik an, wobei viele gutgläubige Menschen in die Falle getappt sind und ihre Karrieren und ihr Privatleben weitgehend verloren haben. Bei dieser Taktik wird die Zielperson mit einem Beschuldigten oder einer Person in Verbindung gebracht, die in dem betreffenden Thema als negativ angesehen wird.

Die Verbindung muss gar nicht so eng sein. Sie könnte so weit hergeholt sein wie ein altes Foto, auf dem die Zielperson vor langer Zeit bei einem Abendessen oder einer anderen formellen Veranstaltung zu sehen war oder in Verbindung mit etwas völlig anderem als dem aktuellen Kontext. Aber das Foto, auf dem der arme Mann oder die arme Frau im selben Rahmen wie der aktuelle Bösewicht steht, reicht aus, um ihn als schuldig zu bezeichnen.

Obwohl es die Aufgabe der Medien ist, genau zu berichten und die Öffentlichkeit über alle Geschehnisse zu informieren, um die unverfälschte Wahrheit zu verbreiten und im besten Interesse der Öffentlichkeit zu handeln, bedienen sie sich leider oft der Taktik der Gehirnwäsche und der Gedankenkontrolle für eigennützige Zwecke. Deshalb ist es sehr wichtig, dass wir lernen, wie wir eine Gehirnwäsche durch die Medien vermeiden können. Es folgen einige Tipps.

Wie Sie eine Gehirnwäsche durch die Medien vermeiden können

Es ist leicht zu sagen: Um eine Gehirnwäsche zu vermeiden, halten Sie sich von Gehirnwäschern fern. Nun, das ist leichter gesagt als getan in der heutigen Zeit, in der Informationen von allen Seiten auf Sie einprasseln. Wie soll man zum Beispiel Werbekampagnen und Werbespots vermeiden, wenn sie überall in Ihrer realen und virtuellen Welt zu finden sind?

Wenn Sie sich für einen Fernseh- oder Streaming-Anbieter ohne Werbekampagnen entscheiden, sind die Optionen unerschwinglich geworden. Die beste Lösung ist daher, zu vermeiden, was Sie können, und klug abzuwägen, was Sie nicht vermeiden können. Hier sind einige Tipps, die Ihnen helfen, ein vernünftiges Gleichgewicht zu erreichen:

- Zunächst einmal sollten Sie Ihr Bewusstsein für die Manipulation der Medien schärfen, damit Sie solche Botschaften und Kampagnen leicht erkennen können.

- Sobald Sie eine solche Botschaft erkannt haben, werden Sie sich zu dem Autor oder Sprecher hingezogen fühlen oder ihm gegenüber skeptisch sein. Um dies auszugleichen, suchen Sie nach Artikeln, Nachrichten und anderen Informationen, die dieser Haltung entgegenstehen. Was Sie finden, muss nicht manipulativ sein. Es kann einfach eine neutrale Nachricht sein, die sich objektiv gegen die identifizierte Nachricht oder Botschaft richtet. Wenn Sie dies lesen oder sehen, wird sich Ihr Denkprozess einpendeln, und es wird Ihnen leichtfallen, nicht auf solche Kampagnen hereinzufallen.

- Suchen Sie außerdem verschiedene Quellen für die betreffenden Nachrichten, vergleichen, stellen Sie sie einander gegenüber und analysieren Sie sie, anstatt auf Ihre Gefühle hereinzufallen. Treffen Sie dann Ihre Entscheidung.

Meistens werden Gehirnwäsche-Techniken bei Menschen eingesetzt, die in Isolation leben oder keinen Zugang zu allen Informationen haben. Je mehr Sie die Gehirnwäsche-Botschaften hören, ohne Alternativen zu betrachten, desto mehr werden Sie in ihren Sumpf hineingezogen. Informieren Sie sich daher über mehrere Informationsquellen aus unterschiedlichen Spektren von Nachrichtenkanälen, anstatt sich auf eine einzige Quelle zu beschränken, die Ihnen vertraut ist.

Kapitel 6: Psychologische Kriegsführung in Beziehungen

Die Taktiken der psychologischen Kriegsführung beschränken sich nicht auf den öffentlichen Bereich, sondern sind auch in zwischenmenschlichen Beziehungen weit verbreitet, sowohl auf persönlicher als auch auf beruflicher Ebene. Gaslighter, Narzissten, Psychopathen und Manipulanten sind allgegenwärtig. Sie schrecken nicht davor zurück, ihre Opfer auszubeuten, um ihre Ziele und Wünsche zu erreichen, und gehen dabei oft bis zum Äußersten, egal was passiert. Schauen wir uns an, wie psychologische Kriegsführung ihren Weg in verschiedene Beziehungen findet.

Die Taktiken der psychologischen Kriegsführung beschränken sich nicht auf den öffentlichen Bereich, sondern sind auch in zwischenmenschlichen Beziehungen weit verbreitet, sowohl auf persönlicher als auch auf beruflicher Ebene.

Psychologische Kriegsführung am Arbeitsplatz

Psychologische Manipulationen sind an fast allen Arbeitsplätzen und über alle Hierarchiestrukturen und -ebenen hinweg weit verbreitet. Diese Menschen sind ständig auf der Suche nach Opfern, die ihnen helfen, ihre Ziele und Ambitionen zu erreichen. Das Schlimmste daran ist, dass Manipulanten in Ihrem persönlichen Leben nicht leicht zu erkennen sind.

Einige könnten Menschen sein, von denen Sie glauben, dass sie Ihre wahren Freunde sind, die Sie und Ihre Arbeit loben, die Sie unterstützen, die über Ihre Witze lachen, usw. Genau diese Menschen, die hinter Ihrem Rücken versuchen könnten, Sie in Schwierigkeiten zu bringen, werden häufig von ihren persönlichen Bedürfnissen und Wünschen angetrieben.

Was solche Menschen noch gefährlicher macht als ihr scheinbar harmloses Äußeres, ist ihre Fähigkeit, jede Situation so zu manipulieren, dass Sie negativ erscheinen und sie vor Ihren Kollegen, Teamkollegen, Vorgesetzten und manchmal sogar vor Ihren Untergebenen sehr gut dastehen.

Diese Manipulanten haben wenig zu verlieren und setzen alles daran, Sie, Ihre Gefühle und Ihr gesamtes Berufsleben zu kontrollieren. Schauen wir uns einige der grassierenden Manipulationstaktiken in beruflichen Szenarien an.

- **Zunächst bauen sie Ihr Vertrauen auf** - Gaslighter und Manipulanten beginnen ihre Beziehung zu Ihnen fast immer mit Schmeicheleien, die für Sie leider echt klingen. Sie benehmen sich und reden so, als wären Sie die klügste Person im Raum oder im Team. Sie werden Ihnen jede Menge Komplimente machen, um Sie zu ködern.

  Denken Sie daran, dass es sehr leicht ist, auf Schmeicheleien hereinzufallen. Es ist jedoch sicherer, auf dem Boden der Tatsachen zu bleiben und nicht in die Falle der Schmeichelei zu tappen. Manipulanten verwenden in der Regel verführerische Worte, um ihre Opfer in den ersten Tagen Ihrer Interaktion mit ihnen in die Falle zu locken. Oft folgen auf diese süßen Worte einige Arbeiten, die sie aufgeschoben haben. Solche Annäherungen sind in der Regel Ihre ersten Warnzeichen.

- **Sie erschüttern Ihre Realität** - Ein Manipulant ist darin brillant. Er wird alles, was Sie sagen, auf den Kopf stellen. Wenn Sie ihn auf einen Fehler in seinem Verhalten hinweisen, wird er Ihnen selbstbewusst erklären, dass Sie sich das, was Sie gesagt haben, nur eingebildet haben. Er wird Ihre Realität so sehr verändern, dass Sie anfangen zu glauben, Sie würden verrückt werden und alles, was Sie sehen, sei nur Teil Ihrer wilden Fantasie.

- **Sie sind großartig darin, ihre eigenen Schwächen auf Sie zu übertragen** - Diese Taktik wird technisch als Projektion bezeichnet. Es bedeutet, dass alle Fehler des Manipulanten als die Ihren dargestellt werden. Narzissten und Psychopathen werden sich umdrehen und ihr schlechtes Verhalten und ihre falschen Handlungen erklären, indem sie die Verantwortung auf Sie abwälzen. Sie könnten zum Beispiel sagen: „Ich hätte es viel besser hinbekommen, wenn Sie mir ein besseres Projekt gegeben hätten. Sie sind ein schlechter Manager."

- **Sie schweifen irrelevant ab** - Manipulanten haben die erstaunliche Fähigkeit, ein Gespräch oder ein Argument in eine völlig andere Dimension abzulenken. Diese Ablenkungstaktik dient dazu, Sie zu verwirren und zu frustrieren. Sie werden eine Meinung zu einer Angelegenheit vertreten, die für das diskutierte Thema völlig irrelevant ist, nur um sich selbst besser darzustellen als Sie.

- **Er wird Sie ködern und dann die Opferkarte ausspielen** - Stellen Sie sich diese Situation vor. Ihr toxischer Chef hat Sie im Morgengrauen angerufen und nach Ihrem Monatsbericht gefragt, und zwar nicht einmal, nicht zweimal, sondern mehrfach. Sie haben ihm bereits (ebenfalls mehrfach) gesagt, dass er fast fertig ist und dass Sie ihn ihm schicken werden, sobald Sie im Büro sind. Übrigens ist die Frist für den Bericht erst am nächsten Tag. Sie haben also noch reichlich Zeit.

Als Sie nun das Büro betreten, erwartet er Sie am Aufzug und das erste, was er sagt, wenn er Sie sieht, ist: „Wann schicken Sie den Monatsbericht ab?" Es ist ganz normal, dass Sie die Fassung verlieren und ihn vor allen Leuten anschreien. Er wird innerlich lächeln (weil er weiß, dass sein Trick funktioniert hat), und äußerlich wird er sagen: „Warum schreien Sie? Ich habe doch nur gefragt!" Das Endergebnis ist, dass alle denken, Sie hätten die Kontrolle verloren und er sei das Opfer. In Wirklichkeit ist genau das Gegenteil der Fall. Diese Technik nennt man das Opfer ködern und ausspielen.

- **Sie werden Sie ständig herabsetzen und niemals schätzen** - Ihre Meinung ist unwichtig und um Sie davon abzuhalten, etwas zu sagen, werden sie Sie und Ihre Meinung auf eine sehr herabsetzende Art und Weise abstempeln, die oft auf Irrationalität beruht. Sie halten sich von der Logik fern und verwenden einen Deckmantel der Irrationalität, um alles in einen verwirrenden Schleier zu hüllen.

  Manipulanten werden Sie niemals zu schätzen wissen. Egal, was Sie tun, sie werden immer etwas finden, was Sie noch tun sollen. Um Ihnen ein hyperbolisches Beispiel zu geben: Wenn Sie ein großartiger Tänzer sind, könnte ihre Frage lauten: „Können Sie mit dem Tanzen auch mathematische Aufgaben lösen? Wenn nein, dann gibt es nichts zu schätzen!" Es ist unmöglich, Narzissten und Manipulanten zu befriedigen, weil sie nicht zufriedengestellt werden wollen. Mit anderen zufrieden zu sein, übersteigt den eigentlichen Zweck ihrer Existenz.

- **Sie unterschätzen Ihre Errungenschaften** - Dies ist eines der letzten Dinge, die sie tun, um Sie vollständig zu kontrollieren. Zuerst überhäufen sie Sie mit Komplimenten und geben Ihnen das Gefühl, Sie seien der Beste auf der Welt. Dann fangen sie langsam an, an sich selbst zu zweifeln. Schon bald wird es ihnen gelingen, Sie von Ihren eigenen Gedanken und Ideen so weit zu entfremden, dass Sie anfangen, Ihr Selbstvertrauen von der Meinung der anderen abhängig zu machen.

  Das ist der Zeitpunkt, an dem sie Ihnen den letzten Schlag versetzen, indem sie Ihre Leistungen ständig unterbewerten. Sie werden Dritte einbeziehen (vor allem diejenigen, die einen Vorteil daraus ziehen, wenn Sie scheitern) und darauf hinarbeiten, Sie vollständig zu zerstören. An Ihrem Arbeitsplatz werden Sie bald feststellen, dass viele Kollegen und Chefs (die Ihre Arbeit anfangs mochten) Sie nicht mehr zu schätzen wissen. Ihre Selbstzweifel werden neue Ausmaße annehmen.

  Der Wunsch, das Unternehmen zu verlassen, wird nun so groß sein, dass Sie vielleicht ohne nachzudenken kündigen. Somit

Psychologische Kriegsführung in romantischen Beziehungen

Paare und romantische Beziehungen sind an sich schon sehr schwierig zu lesen, einzuschätzen, zu verstehen und zu kategorisieren. Jede romantische Beziehung ist einzigartig. Wenn Sie dann noch psychologische Kriegsführung hinzufügen, haben Sie ein chaotisches Gemisch, das einschüchternd, verwirrend und frustrierend sein kann.

Trotz dieser Schwierigkeiten und Herausforderungen müssen Sie Manipulanten, die Sie in romantischen Beziehungen ausnutzen, verstehen, sich vor ihnen in Acht nehmen und Wege finden, sich vor dem Schaden zu schützen, den sie anrichten können. Der beste Weg, dies zu lernen, ist zu verstehen, wie Liebe und Romantik dazu benutzt werden, manipulatives Verhalten zu verbergen. Lassen Sie uns einen Blick auf die verschiedenen Arten werfen, wie Liebe getarnt wird, um Sie zu täuschen und zu schikanieren.

Schuldgefühle

Hier ist ein klassisches Beispiel. Angenommen, Jane hat den ganzen Samstagmorgen damit verbracht, das Lieblingsessen ihres Partners zu kochen. Sie setzen sich zum Essen hin. Ihr Partner probiert alle Gerichte auf dem Tisch und sagt: „Das Essen ist gut. Aber es hätte viel besser werden können, wenn du dich nur genau an das Rezept gehalten hättest. Du weißt, dass es egal ist, wie das Essen gelingt, oder? Denn ich liebe dich trotzdem!"

Die Kritik am Essen wird durch das ich liebe dich schön abgefedert. Das mach Jane natürlich Schuldgefühle. Die harte Arbeit, die sie für ihn geleistet hat, gerät in Vergessenheit, und stattdessen fühlt sich Jane unzulänglich, weil sie seine Erwartungen nicht erfüllen kann. Hüten Sie sich vor solchen Schuldgefühlen, die Ihnen aufgedrängt werden könnten. Es handelt sich um eine einfache, aber mächtige Manipulationstaktik, die als Liebe getarnt ist!

Es ist immer ihre Entscheidung

Manipulante Partner haben in der Regel sehr starke, dominante Persönlichkeiten. Sie genießen es, über andere zu herrschen und werden von einem starken Drang angetrieben, Sie dazu zu bringen, das zu tun, was sie wollen. Hier sind einige Beispiele:

Susan legte immer die Kleidung heraus, die ihr Mann jeden Tag im Büro tragen sollte. In den ersten Tagen fand ihr Mann ihr Verhalten sehr liebenswert. Aber als er seine Meinung äußern wollte, ließ sie ihn einfach abblitzen, und da wurde ihm klar, dass dies nicht aus Liebe geschah, sondern als Tarnung für manipulatives Verhalten. Das Schlimmste aber war, dass sie, wenn er ihren Wünschen nicht nachkam, tobte und schimpfte und ihn nicht in Ruhe ließ. Sie konnte sogar so weit gehen, dass sie die Kleidung, die er tragen wollte, zerriss.

Bald merkte er, dass alles für ihn entschieden wurde und er kein Mitspracherecht in seinem Leben hatte, angefangen bei der einfachen Kleiderwahl bis hin zu der Frage, wo und wann er sein Geld anlegen sollte. Obwohl diese Taktik gefährlich ist, ist sie nicht verdeckt und daher sehr leicht zu erkennen. Wenn Sie dieses Verhalten beobachten, sollten Sie auf der Hut sein und sich vor solchen Leuten schützen. Verschließen Sie nicht die Augen vor diesen Warnsignalen. Wenn Sie das tun, wird es für Sie und Ihre Beziehung katastrophal sein.

Isolation von Ihrer Familie und Ihren Freunden

Hier sind einige leicht nachvollziehbare Beispiele für diese Taktik:

- Ihre Mutter hat Sie zum Abendessen eingeladen, und Ihr Partner weiß davon. Aber er vergisst es bequemerweise und bucht eine romantische Verabredung zum Abendessen, die mit dieser Einladung kollidiert, so dass Sie sich entscheiden müssen, zu welcher Verabredung Sie gehen möchten.

- Sie haben sich mit Ihren Freunden zu einem Wochenendausflug verabredet. Ihr Partner macht jedoch ein langes Gesicht und sagt, er wolle etwas Zeit mit Ihnen verbringen!

- Sie telefonieren gerade mit einem Freund und Ihr Partner fordert Sie mit einer Geste auf, das Telefon wegzulegen, weil er in diesem Moment mit Ihnen etwas unternehmen möchte!

Nehmen wir an, ein solches Verhalten wird in unangemessener Häufigkeit wiederholt. In diesem Fall versucht Ihr Partner wahrscheinlich, Sie von Ihrer Familie und Ihren Freunden zu isolieren, um mehr Kontrolle über Sie zu haben.

Das Ausnutzen Ihrer Schwäche

Romantische Beziehungen sind oft sehr intim. In solch intimen Situationen ist es nur natürlich, dass wir unsere Schwächen miteinander teilen. Schließlich gibt es niemanden auf dieser Welt ohne Schwächen. Das Teilen von Geheimnissen und Schwächen ist ein organischer Weg, um eine starke, kraftvolle Beziehung aufzubauen.

Bei manipulativen Partnern nimmt dieses Teilen von Schwächen eine böse Wendung. Sie sind wie Raubtiere, die nur darauf warten, sich auf ihre Beute zu stürzen. Sie werden Ihre Schwäche gegen Sie verwenden und Sie bis aufs Äußerste ausnutzen.

Sie werden zum Beispiel nicht zögern, Ihre emotionale Schwäche in jeder Situation zu ihrem Vorteil zu nutzen. Angenommen, Sie brechen während eines Streits mit Ihrem Partner zusammen. Dann könnte seine Antwort lauten: „Jetzt weinst du. Das machst du doch immer so, oder? Du benutzt Tränen, um deinen Willen zu bekommen!" Und das Schlimmste daran ist, dass diese Ausbeutung nicht unter vier Augen stattfinden muss. Es könnte sehr wahrscheinlich vor anderen geschehen, die keine Ahnung von Ihren Schwächen haben.

Das Ausspielen der Opferkarte

Die Opferkarte ist eine der häufigsten manipulativen Verhaltenstaktiken, die in der psychologischen Kriegsführung in verschiedenen gesellschaftlichen Bereichen eingesetzt wird. Auch in romantischen Beziehungen ist diese Taktik häufig anzutreffen. Der Manipulant versteht es hervorragend, dominant und kontrollierend zu sein und gleichzeitig das Opfer zu spielen. Sie sind in beiden Taktiken sehr geschickt.

Wenn Sie zum Beispiel die dominante Persönlichkeit Ihres Partners erkennen und in bestimmten Angelegenheiten ein Machtwort sprechen, wird er sofort dazu übergehen, die Opferkarte zu spielen und Sie damit überrumpeln. Er wird wahrscheinlich die folgenden Worte benutzen:

- Oh! Ich bin immer so eine Enttäuschung für dich.

- Warum kann ich nie etwas richtig machen?

- Ich bin so ein Versager!

Diese selbstmitleidige Opferhaltung bringt Ihr Herz zum Schmelzen und Sie geben dem nach, was Sie bis vor wenigen Sekunden noch vehement abgelehnt haben. Denken Sie in solchen Momenten daran, dass die Opferkarte eines der mächtigsten Mittel der psychologischen Kriegsführung in romantischen Beziehungen ist. Hüten Sie sich vor ihr.

Schnelles Handeln

Manipulative Partner neigen dazu, sich in einer Beziehung sehr schnell zu verhalten. In der Tat kann ihr Tempo Ihnen Unbehagen bereiten. Zum Beispiel sagen sie vielleicht schon sehr früh in der Beziehung ich liebe dich. Außerdem sagen sie es mit einer solchen Intensität, dass Sie sich gezwungen fühlen, es zu erwidern.

Es kann sein, dass er schon nach ein paar Monaten will, dass Sie zusammenziehen, und dann macht er Ihnen einen Heiratsantrag und möchte, dass Sie ihn bald heiraten. Das kann überwältigend sein, und dieses Gefühl ist ein Warnzeichen. Ignorieren Sie es nicht, vor allem, wenn Sie wissen, dass Sie mit Ihrem Partner nicht auf einer Wellenlänge sind.

Manipulative Partner neigen dazu, mithilfe von Liebe zu versuchen, Sie dazu zu bringen, Dinge zu akzeptieren, die Ihnen unangenehm sind. Es ist wichtig, dass Sie sich dessen bewusst sind, Ihren Standpunkt vertreten und Ihre Meinung sagen, ohne sich schuldig zu fühlen.

Die Schweigebehandlung

Eine der häufigsten Reaktionen von Verleumdern und Manipulanten in romantischen Beziehungen ist die Schweigebehandlung. Behandelt Sie Ihr Partner oder Ehepartner mit tagelangem Schweigen, wenn Sie sich gestritten haben oder wenn Sie die Dinge nicht so machen, wie er oder sie will? Wenn diese Schweigebehandlung häufig vorkommt, könnten Sie es mit manipulativem Verhalten zu tun haben. Am wichtigsten ist es, wie diese stillen Episoden enden? Nur wenn Sie den Forderungen Ihres Partners nachgeben? Wenn ja, gibt es kaum einen Zweifel daran, dass Sie es mit einer Person zu tun haben, die Sie unter Druck setzt. Fragen Sie sich, ob es sich um Liebe handelt oder ob Ihr Partner Sie absichtlich verletzen möchte. Die Schweigebehandlung kann sich zu einer Taktik des Hinhaltens ausweiten. Das ist ein Schritt weiter als die Schweigebehandlung, bei der Ihr Partner sich hartnäckig weigert, selbst in Ihren schwächsten und verletzlichsten Momenten mit Ihnen zu sprechen. Ausflüchte sind ein Signal, das Ihnen sagt, dass Sie oder Ihre Gefühle Ihrem Partner nicht wichtig sind. Diese Technik kann eine gewalttätige Wendung nehmen, wenn die Person Aggressionen einsetzt, um Sie davon abzuhalten, Ihre Sichtweise zu äußern. Sowohl Schweigebehandlung als auch Hinhalten werden häufig bei romantischen Manipulationen eingesetzt.

Ständige Schuldzuweisungen

Wenn Sie feststellen, dass Ihr Partner Ihnen ständig Vorwürfe macht, ist das ein Zeichen für romantische Manipulation. Wenn Sie zum Beispiel ein nettes Überraschungsdate planen, wird Ihr Partner sich beschweren, weil Sie ihn nicht vorher informiert haben. Er wird während des gesamten Dates ein langes Gesicht machen und sich so sehr beschweren, dass es in einem ausgewachsenen Streit enden könnte. Wenn Sie versuchen, ihn auf seine Fehler hinzuweisen, wird er sich gegen Sie wenden und sagen, dass das alles nur passiert ist, weil Ihr Überraschungsdate nicht gut war, weil Sie ein Restaurant gewählt haben, das er nicht mag.

Wenn Sie fragen, wohin er oder sie bei einem Date gehen möchte, wird er oder sie sagen, dass Sie nicht in der Lage sind, irgendetwas alleine zu erledigen. Auch hier ist die Wahrscheinlichkeit eines heftigen Streits groß, und am Ende werden Sie gar kein Date haben. Die Schuld wird immer bei Ihnen liegen, und man wird Ihnen vorwerfen, dass Sie nicht in der Lage sind, irgendetwas alleine zu planen!

Lovebombing

Lovebombing ist der Grund, warum es schwierig ist, Manipulanten von echter Liebe zu unterscheiden. Ein manipulativer Partner kann sehr liebevoll und anhänglich sein, so dass es für den anderen Partner sehr schwierig ist, die List der von Liebe geprägten Manipulation zu durchschauen. Hier ist eine einfache, aber wirkungsvolle Erklärung für das Phänomen des Lovebombing. Der Name sagt schon alles. Die Liebesepisoden sind wie Bomben. Sie explodieren laut, sorgen für eine kurze Zeit für ein großes Spektakel und dann bleibt nichts als Schutt übrig. Das Gleiche passiert beim Lovebombing. Der manipulative Partner macht große romantische Gesten, so sehr, dass Sie sich berauscht und glücklich fühlen. Und sobald Sie anfangen, in diesen romantischen Gefühlen zu schwelgen, wird er sie zügeln, und Sie werden mit einem verwirrenden Durcheinander von Gedanken in Ihrem Herzen und Ihrem Verstand zurückgelassen. Der plötzliche, unerklärliche Rückzug des Manipulanten endet abrupt und lässt Sie erschüttert zurück. Gerade wenn Sie über diese schrecklichen Gefühle hinwegkommen, wird eine weitere Runde Lovebombing stattfinden, und zwar wieder mit großen romantischen Gesten. Und so geht es weiter. Manipulanten setzen Lovebombing in romantischen Beziehungen ein, um Sie von ihrer Zuneigung abhängig zu machen.

Gewaltsame und flüchtige körperliche Intimität

Es besteht kein Zweifel, dass Sex ein wichtiger Aspekt romantischer Beziehungen ist. Manipulative Partner zögern nicht, dies als Kontrollinstrument einzusetzen. So kann zum Beispiel während des Lovebombing auch Sex toll sein. Intimität als Strafmaßnahme vorzuenthalten ist jedoch eine manipulative Taktik. Alternativ könnte Ihr Partner sich dafür entscheiden, nur dann Sex mit Ihnen zu haben, wenn er es wünscht und, schlimmer noch, an Tagen, an denen Sie es überhaupt nicht wünschen.

Wenn Sie viele der oben genannten Anzeichen und Symptome bemerken, dann sollten Sie sich darüber im Klaren sein, dass Sie es mit einem romantischen Manipulanten zu tun haben könnten. Es ist unerlässlich, dass Sie in Ihrer Beziehung feste Grenzen setzen. Wenn Ihr Partner sich weigert, diese gesunden Grenzen zu akzeptieren, ist es vielleicht an der Zeit, Ihren Standpunkt in der Beziehung zu überdenken.

Hier sind einige Beispiele, die Ihnen helfen werden, zwischen einem Gespräch mit einem normalen Partner und einem Manipulanten zu unterscheiden.

Ein ehrlicher, nicht-manipulativer Partner wird sagen: „Es würde Spaß machen, heute Abend ins Kino zu gehen. Was sagst du dazu?"

Ein manipulativer Partner wird dasselbe sagen, aber in etwa so: „Wenn du mich wirklich magst und liebst, dann gehst du heute Abend mit mir ins Kino."

Ein nicht-manipulativer Partner würde in Bezug auf Kinder etwas sagen wie: „Lass mich wissen, ob du die Kinder heute nach der Schule abholen kannst."

Ein manipulativer Partner würde das Gleiche anders machen. „Wenn du die Kinder heute nach der Schule nicht abholen kannst, dann bedeutet das, dass du dich nicht genug um sie kümmerst."

Ein ehrlicher Ansatz für ein bevorstehendes Gespräch wäre: „Ich möchte etwas mit dir besprechen. Sag mir Bescheid, wenn es für dich ein guter Zeitpunkt ist."

Ein manipulativer Partner oder Ehepartner würde sagen: „Ich möchte etwas mit dir besprechen. Aber du scheinst überhaupt keine Zeit für mich zu haben."

Psychologische Kriegsführung in Freundschaften

Manipulationen in Freundschaften sind schwieriger zu erkennen, weil Freundschaften im Vergleich zu romantischen Beziehungen länger brauchen, um sich zu etablieren. Romantische Manipulationen scheinen natürlicher und leichter akzeptabel zu sein als Manipulationen durch den besten Freund. Aus diesem Grund ist es schwieriger zu akzeptieren, dass Ihr bester Freund Sie manipuliert, als dass Ihr romantischer Partner dies tut.

Dennoch kommt Manipulation in einer Freundschaft oft genug vor, so dass Sie sich vor Warnsignalen in Acht nehmen und darauf achten sollten, dass Sie sich nicht in ihrem Sumpf verlieren. Hier sind einige häufige Anzeichen für Manipulationen, auf die Sie in Freundschaften achten sollten.

- **Passive Aggression** - Manipulante Freunde neigen dazu, passiv-aggressiv zu sein. Sie gehen Konfrontationen aus dem Weg und zeigen ihren Unmut meist über einen gemeinsamen Freund. Ein Beispiel: Ein gemeinsamer Freund könnte zu Ihnen kommen und sagen: „Sie sollten wissen, dass Brian im Moment nicht sehr glücklich mit Ihnen ist. Ich denke, es ist das Beste, mit ihm zu sprechen und das Problem zu klären.“

  Diese Manipulationstaktik sorgt dafür, dass Sie die Verantwortung für die Wiedergutmachung übernehmen. Der Grund für diese Manipulation ist, dass diese Person weiß, dass Sie sich loyal zu ihm verhalten, dass Sie ihn als Ihren besten Freund betrachten und dass Sie sich schuldig fühlen und deshalb den Schritt machen werden, den er von Ihnen verlangt. Hüten Sie sich vor solchen Nachrichten, die Sie von gemeinsamen Freunden erhalten.

- **Sie sind schlechte Zuhörer** - Wenn Sie sich die Zeit nehmen, es zu bemerken, werden Sie feststellen, dass sich jedes Gespräch, das Sie führen, immer um den anderen dreht und nie um Sie. Sobald es Ihnen gelingt, das Gespräch auf Sie und Ihre Bedürfnisse zu lenken, haben Sie das Gefühl, dass Ihr Freund nicht zuhört.

  Manchmal schweift er oder sie in Gedanken ab oder tut so, als würde man Ihnen zuhören, während er oder sie auf das Handy schaut. Oft brechen sie das Gespräch abrupt ab, um Ihnen etwas zu erzählen, das nichts mit Ihnen zu tun hat. Unabhängig davon, wie sie es tun, ist die Botschaft klar. Was Sie sagen, ist für die Person überhaupt nicht wichtig.

- **Sie wollen viele Gefallen von Ihnen** - Sie bitten Sie nicht unbedingt um Gefallen, weil sie diese Gefallen brauchen, sondern um zu prüfen, wie weit Sie gehen würden, um ihre Bedürfnisse zu erfüllen. Freunden in Not zu helfen, ist eine gute Sache. Wenn dieses Verhalten jedoch mit einem der anderen hier genannten Anzeichen kombiniert wird, ist das ein Warnsignal.

- **Sie wollen immer die Kontrolle haben** - Sie hassen es, in Situationen zu sein, in denen sie keine Kontrolle haben. Sie hassen es zum Beispiel, auf Partys außerhalb ihrer Komfort- und Kontrollzone zu gehen. Wenn Ihr Partner also immer darauf besteht, Sie bei sich zu Hause zu treffen und Wege zu finden, um zu vermeiden, an Orte zu gehen, die er nicht kennt, dann könnte das ein Warnzeichen für Sie sein. Er besteht darauf, Sie zu kontrollieren, indem er Sie immer wieder aus Ihrer Komfortzone herausholt. Dieses Verhalten ist ein klassisches Beispiel dafür, dass er immer der mächtigere Partner sein will.

Das Schlimmste an diesem kontrollierenden Verhalten ist, dass sie sehr defensiv werden, wenn Sie versuchen, ihm einen Spiegel vorzuhalten und sich selbst als das zu sehen, was sie sind. Sie weigern sich, sich Ihren Standpunkt anzuhören. Sie verwenden möglicherweise Emotionen, um Sie von dem Problem abzulenken. Sie geben Ihnen vielleicht die Schuld für ein Ereignis oder eine Situation, die nichts mit dem Problem zu tun haben, und finden seltsame Wege, um die aktuelle Situation damit in Verbindung zu bringen. Wenn Sie bemerken, dass Ihr Standpunkt überhaupt nicht berücksichtigt wird, dann sollten Sie in Erwägung ziehen, dass Sie ein Opfer von Manipulation sein könnten.

Wenn eines, einige oder alle der oben genannten Anzeichen Sie beunruhigen, dann sollten Sie sich zunächst mit Ihrem Partner zusammensetzen und ein klärendes Gespräch mit ihm führen. Sollte das nicht funktionieren, dann ist es vielleicht an der Zeit, sich von ihm oder ihr zu verabschieden. Sich von Manipulationen fernzuhalten ist ein Schlüsselelement der Selbstfürsorge. Je mehr Sie sich um sich selbst kümmern, desto mehr können Sie den Menschen in Ihrem Leben, die es verdienen, Wertschätzung entgegenbringen.

Psychologische Kriegsführung in Familienbeziehungen

Manipulationen in der Familie sind vielleicht die schlimmsten ihrer Art, wenn man bedenkt, dass Sie von den Menschen manipuliert werden, denen Sie sich am nächsten fühlen. Das ist in der Tat eine bittere Pille, die Sie schlucken müssen. Manipulation in einer dysfunktionalen Familie ist viel schwieriger zu bewältigen als Manipulation in romantischen Beziehungen, Freundschaften und am Arbeitsplatz. Schließlich ist es viel einfacher, sich von einem manipulativen Kollegen fernzuhalten als von Ihrer Mutter oder Ihrem Vater.

Leider müssen Sie bedenken, dass, nur weil jemand eng mit Ihnen verwandt ist, dies nicht bedeutet, dass er Ihr bestes Interesse im Sinn hat. Familienmitglieder können genauso manipulativ sein wie Kollegen, Chefs, Liebhaber oder Freunde. Sie müssen also lernen, die Anzeichen zu erkennen und sich selbst helfen, damit umzugehen.

Die Schweigebehandlung

Diese Taktik wird in allen Bereichen angewandt und ist in Familiensituationen am schmerzhaftesten zu handhaben. Verwechseln Sie die Schweigebehandlung nicht mit der Zeit, die man sich nimmt, um seine Gedanken zu sammeln, um eine Eskalation der Situation zu verhindern. Von Schweigebehandlung spricht man, wenn das Familienmitglied sich bewusst dafür entscheidet, Sie und Ihre Wünsche zu ignorieren.

Ein klassisches Beispiel ist das eines narzisstischen Elternteils, der versucht, das Kind zu manipulieren. Das arme Kind gibt sich alle Mühe, nett zu sein und sich mit dem Elternteil zu unterhalten. Aber der tyrannische Elternteil ignoriert es. Diese Vorgehensweise macht das Kind extrem verletzlich, was wiederum zu Angst und Unsicherheit führt. Das Kind hat kaum eine andere Wahl, als den Forderungen des Elternteils nachzugeben, was dazu führt, dass es kontrolliert und gemobbt wird.

Ein anderes Beispiel ist dieses. Nehmen wir an, Sie und Ihr Partner streiten über die Anzahl der Kinder, die Sie haben möchten. Sie möchten nur ein Kind und Ihr Partner möchte ein weiteres Kind. Ihr Partner behandelt Sie deswegen stur mit Schweigen und lässt keinen Raum für ein rationales Gespräch. Das ist seine Art, Sie zu kontrollieren und die Dinge auf seine Weise zu regeln.

Die Weigerung, in einem familiären Umfeld zu kommunizieren, führt dazu, dass das Opfer zu betteln und zu weinen bereit ist, damit der Manipulant redet. Der Manipulant schafft ein ungleiches Spielfeld und drängt Sie in die Defensive, so dass Sie sich so reumütig fühlen, dass Sie seinen Forderungen nachgeben, nur um die normale Kommunikation wieder aufzunehmen.

Eine toxische Kommunikationslücke ist ein deutliches Warnsignal, dass Sie es zu Hause mit einem Manipulanten zu tun haben könnten.

Die Opferkarte ausspielen

Diese Taktik funktioniert bei familienbezogenen Manipulanten einwandfrei. Menschen, die diese Taktik beherrschen, können nicht besiegt werden. Es ist anstrengend, mit Familienmitgliedern zu tun zu haben, die ständig die Opferkarte ausspielen. Ganz gleich, was Sie sagen oder wie Sie es sagen, die emotionale Manipulationsfähigkeit dieser Menschen gibt Ihnen das Gefühl, dass Sie sie ohne Sinn und Verstand angreifen, und provoziert so das Mitleid der anderen in Ihrer Umgebung.

Nehmen wir ein Beispiel für eine Vater-Sohn-Beziehung in einer dysfunktionalen Familie. Nehmen wir an, der Vater betritt das Zimmer seines Sohnes, dringt in die Privatsphäre des Teenagers ein und liest sein Tagebuch. Der Sohn kommt zurück und stellt fest, dass sein Vater sein privates Tagebuch gelesen hat. Er wird wütend auf seinen Vater und drückt seine Verbitterung aus. Ein manipulativer Elternteil wird diese Situation sofort umdrehen, indem er die Opferkarte ausspielt.

Zum Beispiel könnte der Vater Dinge sagen wie: „Du redest nie mit mir oder verbringst keine Zeit mit mir. Du hast mir keine andere Wahl gelassen, als dein Tagebuch zu lesen, um zu erfahren, was in deinem Leben vor sich geht." Ob das stimmt oder nicht, ist unerheblich, und selbst wenn es stimmt, ist es keine Lösung, die Privatsphäre eines Teenagers zu verletzen.

Das arme Kind wird sich jedoch schuldig fühlen, weil es irgendwie dafür verantwortlich ist, dass sein Vater das getan hat, was er getan hat.

Jetzt wird der Sohn in eine Situation gebracht, in der er seine grundlose Wut auf den zum Opfer gemachten Vater erklären muss. Die Wahrheit ist, dass der Vater nichts anderes tut, als das Kind zu manipulieren.

Gaslighting

Gaslighting ist ein gefährliches Spiel, das von erfahrenen Manipulanten gespielt wird. Sie sind so gut darin, Ihre Realität so zu verändern, dass Sie denken, Sie würden verrückt werden. Sie weigern sich, Ihre Erinnerungen als wahr zu akzeptieren. Sie nennen Sie jedes Mal einen Lügner, wenn Sie versuchen, sie mit ihren Fehlern zu konfrontieren.

Sie werden Dinge sagen wie: „Ich habe das nur getan, weil du es zuerst getan hast", auch wenn nichts dergleichen passiert ist. Sie sagen vielleicht: „Ist das so wichtig für dich, dass du so fies sein musst?" Diese Aussage zeigt deutlich, dass er sich weigert, Ihre Wahrnehmung bestimmter Dinge anzuerkennen. Er stellt den Wahrheitsgehalt Ihrer Gefühle in Frage und lässt Sie glauben, dass Sie vielleicht überreagieren.

Beim Gaslighting geht es darum, Ihre Erfahrungswahrnehmung langsam aber sicher so zu verändern, dass Sie das Reale nicht mehr vom Imaginären unterscheiden können. Sie beginnen zu glauben, dass Sie verrückt werden und wegen einer nicht diagnostizierten Geisteskrankheit behandelt werden müssen.

Kinder, die Opfer von Gaslighting-Techniken geworden sind, werden zu Erwachsenen mit extrem geringem Selbstwertgefühl und geringem Selbstvertrauen. Solche Erwachsenen neigen dazu, sich auf missbräuchliche Beziehungen einzulassen. Sie könnten als abwesende oder co-abhängige Eltern enden, wobei die Kinder dieser Erwachsenen dieses schreckliche Erbe weitertragen.

Verwendung von herablassender Sprache

Herablassender Sprache wird häufig verwendet, um Sie herabzusetzen, zu beleidigen und zu beschämen. Diese Taktik ist ein Weg, um Sie dazu zu bringen, nach der Pfeife des Täters zu tanzen. Sie ist eine mächtige und grausame manipulative Taktik. Beschimpfungen sollten in jeder Beziehung ein klares Nein sein, unabhängig davon, ob es um Erwachsene, Kinder oder beide geht.

Der Hauptzweck von herablassender Sprache ist es, jemanden zu beleidigen und herabzusetzen. Jemandem das Gefühl zu geben, minderwertig zu sein, ist eine Möglichkeit, die Person dazu zu bringen, das zu tun, was der Manipulant will. Ein Verwandter könnte Sie beispielsweise für Ihren modernen Erziehungsstil beleidigen oder dafür, dass Sie eine Babytrage statt eines Kinderwagens benutzen.

Nachdem sie gesagt haben, was sie sagen wollen, spielen sie das ganze Drama mit einer Fußnote wie *ich sage nur die kalte, harte Wahrheit* oder *das war nur ein Scherz herunter.* Die Verwendung von Schmähungen ist eine Form der emotionalen Erpressung, bei der Sie anfangen zu zweifeln, ob Ihre Reaktion auf die Beleidigungen berechtigt ist.

Der Gebrauch von emotionaler Erpressung

Emotionale Erpressung ist eine der schädlichsten Taktiken der familiären Manipulation, da sie in der Regel in missbräuchlichen Beziehungen auftaucht. Emotionale Erpressung hat eine ziemlich starre Struktur.

Der Manipulant folgt einer Reihe von Schritten, um das zu bekommen, was er von Ihnen will. Zu diesen Schritten gehören Forderung, Widerstand, Druck, Drohungen, Nachgeben und die Wiederholung des gesamten Zyklus. Dieser Zyklus geht so lange weiter, bis die Forderung erfüllt ist.

Im ersten Schritt stellt der Manipulant eine Forderung, die oft als Bitte getarnt ist. Der Manipulant gibt nicht auf, wenn Sie sich wehren oder negativ auf die Forderung antworten. Ebenso wenig wird er eine andere Lösung finden, an der Sie nicht beteiligt sind. Er wird Sie weiterhin unter Druck setzen, der Forderung nachzukommen.

Wenn Sie sich weiterhin wehren, folgen in der Regel Drohungen. Wenn Sie nachgeben, gewinnt der Manipulant, und wenn Sie nicht nachgeben, wird er zu emotionaler Erpressung greifen. Betrachten wir ein Beispiel, um diesen Prozess zu verstehen. Nehmen wir an, Ihre Schwägerin sagt zu Ihnen: „Ich bräuchte deinen Computer für das Wochenende." Sie wehren sich, sie setzt Sie unter Druck und wenn Sie sich weiter wehren, sagt sie vielleicht: „Wenn du mir den Computer nicht gibst, werde ich deinem Partner sagen, dass du unvernünftig und egoistisch bist."

Wenn Sie nun nachgeben, weiß der Manipulant, dass diese Strategie funktioniert und wird sie auch in Zukunft anwenden, um sich bei Ihnen durchzusetzen. Andererseits denken Sie vielleicht, dass es einfacher ist, nachzugeben, als sich dem Druck und den Drohungen zu stellen, ohne sich überhaupt bewusst zu sein, dass diese emotionale Erpressungstaktik Ihre Grenzen auf irreparable Weise verletzt.

Ihre Emotionen ignorieren

Dies ist die schlimmste Taktik, die von betreuenden Erwachsenen, oft auch von Eltern, gegen Kinder eingesetzt wird. Für ein Kind ist nichts verletzender, als wenn seine Emotionen und Gefühle ignoriert werden. Um sich dagegen zu wehren, schlagen viele Kinder auf ihre Eltern ein, nicht weil sie die Erwachsenen verletzen wollen, sondern weil sie auf diese Weise Aufmerksamkeit suchen, weil sie verletzt sind, wenn ihre Gefühle ignoriert werden.

Hier ist ein Beispiel. Nehmen wir an, Ihre ganze Familie geht in den Vergnügungspark, weil es dort so viele aufregende Fahrgeschäfte gibt. Sie haben Höhenangst und steigen deshalb aus dem Familienplan aus. In normalen, gesunden Familien versuchen die Eltern, einen Kompromiss zu finden, damit sich niemand ausgeschlossen fühlt. Leider ist das in einer dysfunktionalen Familie nicht der Fall.

In ungesunden Familienbeziehungen schreien Sie alle anderen Familienmitglieder an, sagen Ihnen, dass Sie überreagieren, nennen Sie eine Heulsuse oder sagen, dass Sie übermäßig dramatisch sind. Jede dieser Reaktionen ist eine Form des Ignorierens Ihrer Gefühle. Sie fühlen sich nicht nur peinlich berührt, sondern auch zurückgewiesen und im Stich gelassen.

Zusammenfassend lässt sich sagen, dass Sie sich bewusst machen müssen, wie psychologische Kriegstaktiken durch Manipulation, Gaslighting, narzisstisches Verhalten und andere Methoden im privaten und beruflichen Bereich eingesetzt werden. Je mehr Sie sich dessen bewusstwerden, desto mehr werden Sie lernen, sie zu erkennen. Anschließend wird es Ihnen leichtfallen, sich auf unterschiedlichste Weise zu schützen.

Kapitel 7: Übliche Manipulations- und Täuschungstaktiken

Während wir im vorigen Kapitel einige manipulative Taktiken in verschiedenen Beziehungsformen besprochen haben, werden wir hier die verschiedenen Manipulations- und Täuschungstaktiken, die im Rahmen der psychologischen Kriegsführung in Beziehungen eingesetzt werden, etwas ausführlicher und mit einigen Beispielen vorstellen, die durch wissenschaftliche Studien und Erkenntnisse belegt sind.

Ein Manipulant, der darauf aus ist, Sie zu kontrollieren, nutzt pathologische Lügen auf vielfältige Weise, um seine Bedürfnisse zu befriedigen.

Chronisches Lügen

Chronisches Lügen wird auch als pathologisches Lügen bezeichnet und ist ein häufiges Symptom für manipulatives und betrügerisches Verhalten. Diese Art des Lügens ist durch ein zwanghaftes Bedürfnis gekennzeichnet, die Unwahrheit zu sagen. In Verbindung mit Manipulation gibt es ein verstecktes Motiv, oft in Form eines persönlichen Vorteils für den Manipulanten.

Die folgenden Persönlichkeitsstörungen werden häufig mit pathologischem oder zwanghaftem Lügen in Verbindung gebracht:

- Borderline-Persönlichkeitsstörung (BPS)

- Narzisstische Persönlichkeitsstörung (NPS)

- Antisoziale Persönlichkeitsstörung (APS)

Die Borderline-Persönlichkeitsstörung (BPS) ist eine Persönlichkeitsstörung, die es den Betroffenen schwer macht, ihre Emotionen zu regulieren und mit ihnen umzugehen. Solche Menschen erleben starke Stimmungsschwankungen und haben Probleme mit Stabilität und Sicherheit. Wie Sie bereits wissen, handelt es sich bei Menschen mit NPS um Personen, die ein stark übertriebenes Gefühl der Selbstherrlichkeit haben und von ihrem Bedürfnis nach ständiger Aufmerksamkeit und Bewunderung angetrieben werden. Menschen mit BPS und NPS tappen in die Falle der pathologischen Lüge, um die Realität und die Fakten so zu verdrehen, dass sie mit ihren persönlichen Gefühlen und Wünschen übereinstimmen.

Pathologisches Lügen ist real, wie mehrere Studien gezeigt haben. Eine Studie, die in einem Artikel mit dem Titel *Pathological Lying: Theoretical and Empirical Support for a Diagnostic Entity* in Psychiatric Research and Clinical Practice veröffentlicht wurde, beweist, dass pathologisches Lügen in der realen Welt existiert. Dieser Artikel fordert die wissenschaftliche Gemeinschaft auf, es als diagnostisches Geistwesen zu definieren. Pathologisches Lügen wurde ursprünglich als *pseudologia phantastica* bezeichnet.

Die Merkmale eines chronischen oder pathologischen Lügners werden im Folgenden beschrieben.

Exzessives Lügen

Chronische Lügner lügen weit mehr als normale Menschen. Die Fähigkeit zu lügen ist bei diesen Menschen legendär. Sie überzeugen die meisten Menschen davon, dass ihre Geschichten wahr sind. Wenn Sie Lücken in ihren Erzählungen entdecken, fügen sie schnell weitere Lügen hinzu, um sie zu füllen. Ihre Lügen können aber auch ziemlich haarsträubend sein. Wenn Sie nur an der Oberfläche ihrer Lügen kratzen, können Sie sie leicht widerlegen. Sie behaupten zum Beispiel, dass sie einen großen Preis gewonnen haben (haarsträubend und leicht zu widerlegen). Oder sie behaupten, dass jemand, der noch lebt, tot ist (auch das ist leicht zu widerlegen).

Einfach lügen, ohne einen guten Grund zu haben

In den meisten Fällen geht es bei chronischen Lügen darum, ohne guten Grund zu lügen, nur um persönliche Ziele des Betrügers zu erreichen. Normale Menschen lügen, um unangenehmen Situationen und Konsequenzen zu entgehen. Ein normaler Mensch würde zum Beispiel seinen Chef anlügen, weil er zu spät zur Arbeit gekommen ist, indem er sagt: Ich bin in einen schlimmen Stau geraten oder etwas Ähnliches.

Pathologische Lügner haben meist kein klares Motiv, um die Unwahrheit zu sagen. Sie lügen einfach, weil es ihnen passt. Darüber hinaus werden sie als pathologische Lügner bezeichnet, weil die Lüge, die sie erzählen, vielleicht nicht ihnen selbst nützt, sondern dem beabsichtigten Opfer großen Schaden zufügen könnte. Manipulanten nutzen diese Art der Lüge, um Menschen zu täuschen und zu kontrollieren.

Es ist ein chronisches Problem

Pathologisches Lügen ist nicht kurzfristig. Es handelt sich um ein chronisches Problem, das wahrscheinlich schon seit Jahren andauert. Oft fangen die Betroffenen schon in sehr jungen Jahren damit an und lügen in allen Bereichen ihres Lebens. Außerdem neigen viele Menschen aus diesem Grund dazu, sich an pathologische Lügner zu erinnern, selbst wenn sie sich schon lange nicht mehr gesehen haben.

Ein Manipulant, der darauf aus ist, Sie zu kontrollieren, nutzt pathologische Lügen auf vielfältige Weise, um seine Bedürfnisse zu befriedigen. Hier sind einige typische Anzeichen, auf die Sie achten sollten:

- Sie erzählen Ihnen unaufgefordert und ausführlich Details über etwas oder jemanden.
- Ihre Erzählungen sind bunt, dramatisch und phantasievoll.

- Sie ändern ihre Geschichten ständig, um sie einer neuen Dynamik anzupassen.

- Sie weichen Fragen aus, wenn sie auf Details und Lücken in ihren Erzählungen angesprochen werden.

- Ihre Erinnerung an ein Ereignis, über das sie sprechen, unterscheidet sich stark von ihrer Erinnerung.

- Sie halten sich nicht an das, was sie sagen; sie reden nur.

- Sie sind sehr gut darin, ein Ereignis aus Ihrem Leben zu erfinden, es sich zu eigen zu machen und es anderen gegenüber als ihr eigenes darzustellen.

Seien Sie auf der Hut vor diesen Anzeichen für Lügen und schützen Sie sich vor Manipulanten. Denken Sie daran, dass Manipulanten hervorragend darin sind, Lügen so lange zu wiederholen, bis sie den Anschein erwecken, dass es sich um Tatsachen handelt. Gaslighter verwenden chronische oder pathologische Lügen, um ihre Opfer anzugreifen, herabzusetzen, einer Gehirnwäsche zu unterziehen, sie zu entmachten und zu diskreditieren. Hier sind einige klassische Beispiele für chronische Lügen, die Manipulanten verwenden:

- *Meine Frau ist eine Versagerin und man muss ihr die bittere Wahrheit sagen!* - Ein manipulierender Ehemann spricht.

- *Ihr Team und die Arbeit, die es leistet, sind nutzlos. Ich frage mich, warum so viel Zeit und Ressourcen an Sie verschwendet werden!* - Ein Chef oder Kollege, der versucht, jemanden am Arbeitsplatz zu erniedrigen und zu täuschen.

- *Wer kümmert sich schon um deren Rechte? Sie sollten nicht einmal als Menschen betrachtet werden!* - Eine erniedrigende, herabsetzende Äußerung gegen eine bestimmte Bevölkerungsgruppe von jemandem, der sich als Angehöriger einer überlegenen Rasse sieht.

Normalisierung von Unwahrheiten

Die Normalisierung von Unwahrheiten ist eine gängige Taktik der psychologischen Kriegsführung. In einer Beziehung wird der manipulative Partner die Lüge so lange wiederholen, bis sie das Opfer so sehr überwältigt, dass es anfängt, sie für die Wahrheit zu halten. Durch die Normalisierung der Lüge erhalten die Opfer einen

Unsicherheitskomplex. Sie werden verwirrt und fühlen sich schuldig, schämen sich und haben Angst. Ihr Selbstbewusstsein wird beeinträchtigt und sie zweifeln an ihrem Selbstwert und ihrer Identität. Im Folgenden finden Sie die Gedanken einer Person, die durch Unwahrheiten zum Opfer wurde:

Als Kind wurde ich von Gleichaltrigen schikaniert, weil ich eine dunkle Hautfarbe habe, einer minderwertigen Rasse angehöre und ein Mädchen bin. Ich dachte immer, dass das alles meine Schuld war und dass sie die Wahrheit darüber sagten, dass ich weniger verdiene als andere. Ich verinnerlichte diese Informationen und schämte mich für mich selbst. Ich fühlte mich schuldig, weil ich so geboren wurde, wie ich war.

Die Normalisierung von Unwahrheiten ist eine gängige Technik, die auch in der politischen Kriegsführung eingesetzt wird. Als die Welt zum Beispiel unter dem Coronavirus litt, hielten einige Länder wichtige Informationen vor anderen Ländern geheim, um sich selbst sicher und unbefleckt von der Außenwelt zu halten.

Während die meisten von uns zustimmen, dass einige Länder nicht zögern, zu lügen, zu betrügen und Wahrheiten zu unterdrücken, indem sie Lügen normalisieren, ist es auch wahr, dass selbst so genannte entwickelte Länder sich an diesen Aktivitäten beteiligen. So gibt es zum Beispiel zahlreiche Berichte über Wahrheitsmanipulationen und die Normalisierung von Unwahrheiten, die im Rahmen der US-Präsidentschaftskampagnen stattfanden und weiterhin stattfinden.

Auf politischer Ebene geschieht die Normalisierung von Unwahrheiten aus verschiedenen guten Absichten, darunter die Aufrechterhaltung von Recht und Ordnung, die Aufrechterhaltung des Status quo, die Vermeidung von Peinlichkeiten und die Verhinderung des Zusammenbruchs der Machtstrukturen.

Schwächung des Opfers

Wenn Opfer ständig angepöbelt, herabgesetzt, auf verschiedene Weise beleidigt und gedemütigt werden, erreichen viele von ihnen bald das Stadium der völligen Entkräftung. Die Opfer sind so erschöpft und müde von den manipulativen Taktiken des Täters, dass sie bald aufgeben, sich zu wehren. Sie haben sogar Angst, sich zu wehren. Psychologisch gesehen geraten sie in einen Erstarrungsmodus und tolerieren den Missbrauch mit Resignation und Gefühllosigkeit. So kommen Gaslighter und andere Manipulanten damit durch, dass sie abweichende Meinungen unterdrücken. Sie erpressen das Maximum aus der Beziehung und quetschen das Opfer körperlich, emotional, mental und spirituell aus.

Ein Beispiel für die Gedanken eines geschwächten Opfers könnte in etwa so lauten. *Mein Vater war extrem besitzergreifend von mir. Er fand Fehler in all meinen Beziehungen. Er beleidigte und verletzte mich, indem er sich über meine Entscheidungen lustig machte und sie anprangerte. Er sagte, ich hätte nicht die Fähigkeit, meine Partner richtig auszuwählen. Er sagte, ich sei dazu verdammt, mein Leben lang Single zu bleiben. Diese unerbittliche Demütigung hat mich so niedergeschmettert, dass ich die Partnersuche ganz aufgegeben habe. Ich brauchte viele Jahre der Therapie und professioneller Hilfe, bevor ich den Mut fand, mich wieder zu verabreden.*

Ein weiteres Beispiel für die Unterdrückung abweichender Meinungen fand während des Ersten Weltkriegs statt, als sich die USA beteiligten. Die Ausländer und Einwanderer wurden im späten 19. und frühen 20. Jahrhundert mit Verachtung und Respektlosigkeit behandelt. Während des Ersten Weltkriegs wurden die Einwanderer aus Deutschland und sogar die in Amerika geborenen Deutschen verdächtigt, illoyal und anti-amerikanisch zu sein.

Nach dem Ersten Weltkrieg, in den 1920er Jahren, nahm das Justizministerium Tausende von angeblichen Anarchisten, Kommunisten, Arbeitsreformern und anderen offensichtlichen Bedrohungen für die Gesellschaft fest und sperrte sie ein. Einige wurden zwangsweise deportiert, und das oft zu Unrecht. Dies sind alles Formen der Unterdrückung von Dissens in der politischen Kriegsführung.

Aggression und Feindseligkeit

Manipulanten und Gaslighter sind immer in der Offensive. Deshalb werden sie auf üble Weise aggressiv und feindselig, wenn sie beim Lügen erwischt werden. Sie wissen, dass ihre Taten, Lügen und Unwahrheiten in keiner Weise verteidigt werden können. Also werden sie noch offensiver und vervielfachen die Intensität ihrer Angriffe auf ihre Opfer. Dieses aggressive und feindselige Vorgehen geschieht in der Hoffnung, die Kontrolle wiederzuerlangen, die sie zu verlieren fürchten, wenn sie ihre Lügen und Unwahrheiten hinnehmen.

Sie steigern die Intensität ihrer Toxizität in der Hoffnung, ihre bereits verängstigten Opfer zu schikanieren und einzuschüchtern. Sie glauben, dass die gesteigerte Aggression ihnen nicht nur hilft, ihr Opfer dazu zu bringen, sich ihrer Kontrolle zu unterwerfen, sondern auch, dass sie mit ihren Lügen und Fehlern davonkommen.

Hier ist ein Beispiel dafür, wie jemand aggressiv wird, wenn er erwischt wird. *Ich habe meine Partnerin beim Sexting mit einem anderen erwischt. Als ich sie damit konfrontierte, leugnete sie, dass es jemals passiert war und sagte mir, ich hätte mir das nur eingebildet. Sie benutzte üble Worte und schrie mich an.*

Isolieren und spalten

Auf persönlicher Ebene sind Manipulanten (insbesondere Gaslighter) hervorragend in dieser Taktik. Sie schaffen eine Art Belagerungssituation für das Opfer und isolieren es von wichtigen und hilfreichen Ressourcen. So finden Gaslighter beispielsweise Wege, um das Opfer daran zu hindern, mit Freunden und Familie zu sprechen und Kontakte zu knüpfen. Sie können wichtige Informationen zurückhalten, die das Opfer über seine Situation aufklären könnten. Sie halten alle Arten von Unterstützung und sogar grundlegende Rechte zurück. Zu diesem Zweck setzen Manipulanten verschiedene Methoden ein, darunter:

- Wir-gegen-sie-Mentalität

- Gespräche und Reden zum Spalten und Erobern

- Die Vorstellung verbreiten, dass es überall Feinde gibt

- Den Opfern erzählen und sie davon überzeugen, dass sie ihre einzige Hoffnung sind

Diese Ideen, Gedanken und manipulativen Taktiken zwingen das Opfer in eine psychologische Zwangsjacke, die seine autoritäre Position und die Kontrolle über das Opfer und sein Leben noch weiter stärkt. Viele Ehefrauen, die Opfer von Gaslighting-Ehemännern geworden sind, sagen gewöhnlich Folgendes:

Nach meiner Heirat schränkte mein Mann meinen Kontakt zu meiner Familie und meinen Freunden ein. Er fand verschiedene Wege, dies zu tun, unter anderem durch Aggression und falsches Schmeicheln. Er sagte mir, er sei meine einzige Hoffnung auf Freude und Frieden; alle anderen hätten es nur auf uns abgesehen. Ich weiß nicht, warum, aber es fiel mir damals schwer, eine andere Perspektive zu sehen.

Durch den Prozess des Isolierens und Spaltens neigen Gaslighter dazu, sich dem Opfer als überlegen und als Retter zu präsentieren. Sie stellen sich selbst als den Helden des Opfers dar und als den Einzigen, der die Macht hat, es vor schrecklichen Situationen außerhalb der Beziehung zu retten. Sie übertreiben die verschiedenen Probleme der Familie und der Freunde des Opfers.

Im Gegenzug dafür, dass er der Held und Retter ist, verlangt der Gaslighter die Kontrolle und beschlagnahmt das Leben des Opfers in allen Aspekten. Diese vorgetäuschte Überlegenheit verstärkt die Koabhängigkeit und Unterwerfung in der Beziehung. Die toxische, nicht authentische Überlegenheit und das verzerrte Gefühl der Selbstherrlichkeit tragen nicht nur dazu bei, das Opfer von echten Freunden und der Familie zu isolieren, sondern, was noch wichtiger ist, nähren das falsche Ego des Gaslighters, ohne das er ein Niemand wäre.

Ein Beispiel: Ehefrauen, die es geschafft haben, missbrauchenden Ehemännern zu entkommen, würden dies über ihr früheres Leben sagen. *Mein Ex-Mann hat mir mit schrecklichen Vorstellungen über ein Leben ohne ihn Angst eingejagt. Er sagte, dass mich niemand mehr lieben würde, wenn ich mich von ihm scheiden ließe. Ich müsste allein und trostlos sterben, weil er der Einzige war, der jemanden so Unerwünschtes wie mich lieben konnte.*

Ein missbräuchlicher Vorgesetzter könnte dies zu seinem Untergebenen sagen. *Sie arbeiten nicht gerne für mich, weil ich kontrollierend und unhöflich bin? Wer würde denn sonst einen so nutzlosen Mitarbeiter wie Sie einstellen?*

Falsche Versprechungen machen

Dies gehört zu den Aspekten des Lügens und Betrügens bei Manipulationen. Viele Gaslighter und Manipulanten übertreiben ihre Fähigkeiten und wecken falsche Hoffnungen bei ihren Opfern. Sie versprechen immer wieder, dass die Dinge besser werden und dass sie das Leiden der Opfer verringern werden, vor allem wenn sie merken, dass die Opfer inzwischen misstrauisch werden und beginnen, ihre Rechte und ihre Kontrolle wahrzunehmen.

Es ist jedoch wichtig, dass Sie nicht auf diese Falle hereinfallen. Sie wollen damit nur erreichen, dass Sie sich für eine Weile sicher und geborgen fühlen, bis sie die Kontrolle wiedererlangen. Falsche

Hoffnungen verleiten das Opfer dazu, seine Wachsamkeit zu vernachlässigen, und in dieser Zeit kehren die Manipulanten zu ihren alten Methoden zurück. Versprechungen werden vergessen.

Ein klassisches Beispiel, auf das viele Opfer hereinfallen, ist dieses. Oft verspricht ein Missbraucher, die Zahl der Übergriffe zu reduzieren. Ist das sinnvoll? Macht dieses Versprechen die Person weniger zum Täter? Ein Missbrauchstäter ist ein Missbrauchstäter, unabhängig davon, wie oft er eine andere Person angreift.

Beherrschung und Kontrolle

Der wichtigste Zweck der Manipulation ist die Kontrolle und Beherrschung von Menschen und Situationen. Manipulierende Menschen verwenden falsche Informationen als aggressive Waffen. Sie bombardieren ihre Opfer wiederholt mit Propaganda und Informationen, die die Opfer entmachten. Mit dieser Methode machen Gaslighter und Manipulanten ein Individuum oder eine Gruppe psychologisch gefügig und unterjochen sie. Manipulative Taktiken werden sowohl zur sozialen Beherrschung als auch zur persönlichen Bereicherung eingesetzt.

Kapitel 8: Die Auswirkungen der psychologischen Kriegsführung

Abgesehen davon, dass Sie gängige Manipulations- und Täuschungstaktiken erkennen können, werden Sie vielleicht subtile Veränderungen an sich selbst bemerken, wenn Sie mit psychologischer Kriegsführung zu tun haben. Diese Veränderungen sind in der Regel die Auswirkungen von Manipulationstaktiken, die an Ihnen angewendet wurden. Emotionaler und geistiger Missbrauch hinterlässt vielleicht keine körperlichen Narben, die Sie daran erinnern. Sie können Sie jedoch für den Rest Ihres Lebens beeinträchtigen. Wenn Sie keine professionelle Hilfe in Anspruch nehmen, können mentale und emotionale Manipulationen zu Intimitätsproblemen, mangelnder Selbstachtung und mangelndem Vertrauen sowie zu Unsicherheiten führen.

Mentale und emotionale Manipulation kann zu Intimitätsproblemen, mangelnder Selbstachtung und mangelndem Vertrauen sowie zu Unsicherheiten führen.
https://www.pexels.com/photo/person-standing-near-lake-670720/

Lassen Sie uns einige dieser Anzeichen und Auswirkungen von Manipulation auf persönlicher und politischer Ebene etwas genauer betrachten.

Auswirkungen der Manipulation auf persönlicher Ebene

Es gibt sowohl kurzfristige als auch langfristige Auswirkungen, wenn man auf persönlicher Ebene manipuliert wird.

Kurzfristige Auswirkungen

- **Verwirrt und überrascht** - Opfer neigen dazu, sehr verwirrt und überrascht von dem zu sein, was in ihrem Leben geschieht. Sie fragen sich immer wieder, warum die Dinge so geschehen, wie sie geschehen. Warum benimmt sich eine Person, die ein großartiger Freund und ein wunderbarer Liebhaber war, jetzt wie ein völlig Fremder? Warum verhält sie sich so? Für das Opfer kann es in nächster Zeit verwirrende Fragen im Überfluss geben!

- **Selbstzweifel** - Sie beginnen, an allen Aspekten Ihres Lebens zu zweifeln. Sie stellen sich selbst in Frage, was Ihre Erinnerungen angeht. Sie fragen sich, ob es sich um echte Erinnerungen handelt oder ob Sie sich das, was Ihnen passiert ist, nur eingebildet haben. Dieser Effekt ist darauf zurückzuführen, dass der Manipulant Ihnen ständig und wiederholt sagt, dass alles, woran Sie sich erinnern, falsch ist und dass alles, was er sagt, richtig ist.

- **Scham und Schuldgefühle** - Sie ertappen sich selbst dabei, die Schuld für den Missbrauch, der Ihnen widerfährt, auf sich zu nehmen. Sie fühlen sich schuldig und schämen sich und denken fälschlicherweise, dass der Manipulant das, was er tut, wegen Ihnen tut. Dieser Effekt wird durch das Verhalten Ihres Täters noch verstärkt, denn er ist immer auf der Suche nach Schuldzuweisungen. Unter dem unablässigen negativen Gerede des Manipulanten in Ihrem Leben wird es äußerst schwierig, dem Gefühl von Scham und Schuld zu widerstehen, das Sie zu überwältigen droht.

- **Passivität** - In einer emotional missbräuchlichen Beziehung kann jede Handlung zu noch mehr Missbrauch führen. Daher werden Sie sehr passiv und es wird immer schwieriger, die Passivität aufrechtzuerhalten, je mehr der Stress des Missbrauchs zunimmt.

- **Ständig ängstlich und wachsam** - Die Angst, in Zukunft wieder manipuliert zu werden, hält Sie in ständiger Alarmbereitschaft. Sie sind ständig wachsam und besorgt, dass Sie den gleichen Schmerz noch einmal durchmachen könnten. Sie werden sowohl sich selbst als auch anderen gegenüber übervorsichtig. Diese Angst und Überwachsamkeit führt dazu, dass Sie Verhaltensweisen vermeiden, die Ihrer Meinung nach Unruhe stiften könnten. Sie halten ständig Ausschau nach Anzeichen in Ihrer Umgebung, weil Sie denken, dass einige der Verhaltensweisen, an die Sie sich gewöhnt haben, plötzlich wieder auftauchen und Sie unvorbereitet treffen könnten. Der ständige Zustand der Angst führt zu Schlafstörungen, Stimmungsschwankungen, Appetitlosigkeit und Reizbarkeit.

- **Sie vermeiden Blickkontakt** - Je mehr Sie von Ihrem Manipulanten drangsaliert werden, desto weniger Blickkontakt halten Sie, nicht nur mit dem Gaslighter, sondern auch mit anderen in Ihrer Umgebung. Sie fühlen sich unsicher und klein und das Vermeiden von Blickkontakt gibt Ihnen ein falsches Gefühl von Sicherheit.

Außerdem haben Sie das Gefühl, dass Sie aus Angst vor dem Manipulanten ständig auf Eierschalen laufen, wenn diese Person in Ihrer Nähe ist. Sie sind sich nicht sicher, was das Verhalten des Manipulanten auslöst und konzentrieren sich darauf, jede Kleinigkeit, die Sie für und mit dem Missbraucher tun, zu kontrollieren.

Langfristige Auswirkungen

Einige der Auswirkungen machen sich im Leben der Opfer von Manipulationen erst später bemerkbar. Im Folgenden werden einige dieser langfristigen Auswirkungen des Lebens unter der Kontrolle manipulativer Persönlichkeiten erörtert.

- **Gefühllosigkeit und Isolation** - Ständig unter der Beobachtung eines Manipulanten zu stehen, über lange Zeiträume passiv und ständig nervös zu sein und andere solche kurzfristigen Auswirkungen führen langfristig dazu, dass das Opfer gefühllos und isoliert von der realen Welt ist. Wenn man bedenkt, dass die Opfer nichts anderes tun, als die Anweisungen ihrer Manipulanten zu befolgen, hören sie auf, selbst zu denken oder zu fühlen, was zu einer Taubheit in Geist und Körper führt.

Langfristig fühlen die Opfer überhaupt nichts mehr, selbst wenn sie mit freudigen, genussvollen Stimulanzien konfrontiert werden. Dieser Verlust an Gefühlen kann dazu führen, dass sich die Opfer völlig hoffnungslos und geschädigt fühlen. In einigen seltenen Fällen haben die Betroffenen die Fähigkeit, irgendetwas zu fühlen, völlig verloren.

- **Ein tiefes Bedürfnis nach Anerkennung von außen** - Je mehr ein Manipulant mit Ihrem Leben spielt, desto tiefer wird Ihr Bedürfnis nach Anerkennung von außen. Wenn Sie jahrelang mit jemandem zusammengelebt haben, der nie ein Wort des Lobes für Sie übrighatte, sondern im Gegenteil jede Kleinigkeit, die Sie taten oder sagten, bemängelte, wird Ihr Selbstwertgefühl wahrscheinlich schwer angeschlagen sein.

Der völlige Mangel an Selbstwertgefühl und Selbstvertrauen macht Sie bedürftig und Sie haben das Gefühl, dass Sie andere glücklich machen müssen, um selbst glücklich zu sein. So kann es passieren, dass Sie übermäßig viel leisten (und sich dennoch unzulänglich fühlen), dass Sie es anderen recht machen (weil Sie es nicht schaffen, mit sich selbst zufrieden zu sein) oder dass Sie sich zu sehr auf Ihr Äußeres konzentrieren (um die Leere in Ihrem Herzen und Ihrem Geist zu füllen). Nur wenn Sie Anerkennung dafür bekommen, dass Sie perfekt sind, fühlen Sie sich angemessen. Sie sind von dem tiefen Wunsch getrieben, die Anerkennung anderer zu finden.

- **Gefühle der Verbitterung** - Wenn Ihr Manipulant nie mit dem zufrieden ist, was Sie tun, baut sich in Ihnen Verbitterung auf, die zu Reizbarkeit, Frustration und Ungeduld führt. Sie machen alle anderen für Ihre Probleme verantwortlich.

- **Übermäßig urteilend** - Ständige Vorwürfe und Kritik können dazu führen, dass sich Gaslighting-Opfer übermäßig urteilend verhalten. Sie könnten damit enden, dass sie von jedem, auch von sich selbst, einen lächerlich hohen Standard erwarten. Sie

werden von diesen hohen Ansprüchen getrieben, was
wiederum dazu führt, dass sie sich selbst kontrollieren wollen,
um das zu erreichen, was sie wollen. Sie gehen also von der
Kontrolle über sich selbst dazu über, andere zu kontrollieren.
Sobald ein Opfer dieses Stadium erreicht hat, braucht es viel
Zeit und mitfühlendes Verständnis, um diese Phase zu
überwinden und wieder einen Anschein von Normalität zu
erlangen.

Abschwächung der Gruppenidentifikation

Dieser Effekt ist oft auf politische und psychologische Kriegstaktiken
zurückzuführen. Die Gruppenidentität ist ein wichtiger Aspekt des
menschlichen Lebens. Jeder von uns ist ein autonomes Individuum mit
eigenem Verstand und eigenem Herzen, einzigartig und verschieden von
anderen. Und doch sind wir alle Mitglieder der einen oder anderen
Gruppe. Die Gruppe kann kulturell, religiös, national oder sonst wie
sein. Wir alle identifizieren uns mit einer bestimmten Gruppe(n), und
diese Identität spielt eine große Rolle für das Wachstum und die
Entwicklung unserer einzigartigen, individuellen Identität.

Darüber hinaus sind Gruppen ein sehr wichtiger Teil der
menschlichen Welt, wenn man bedenkt, dass die meiste Arbeit in der
Welt in Gruppen und nicht von Einzelnen geleistet wird. Wenn
Gruppen zusammenarbeiten, sind die Chancen auf Erfolg größer als
wenn sie alleine arbeiten. Wenn wir uns einer Gruppe anschließen und
Teil einer Gruppe sind, haben wir ein gemeinsames Ziel, und die Stärke
der vereinten Individuen ist weitaus größer als die mathematische
Summe. Daher sind Gruppen für den Menschen, als soziales Wesen,
hervorragend geeignet.

Teil einer Gruppe zu sein wird auch durch unser grundlegendes
Bedürfnis nach Zugehörigkeit bestimmt. Der Mensch hat immer danach
gestrebt, einbezogen und nicht ausgeschlossen zu werden. Wir wollen
lieber akzeptiert als abgelehnt werden. Mehrere Studien haben gezeigt,
dass der Mensch ein ausgeprägtes Bedürfnis hat, dauerhafte
Beziehungen zu anderen aufzubauen und zu pflegen. Eine dieser
Studien wurde von *Baumeister, R. F., & Leary, M. R. (1995). The need
to belong: Desire for interpersonal attachments as a fundamental human
motivation. Psychological Bulletin, 117, 497–529.*

In einer anderen Studie wurde beobachtet, dass fast 50 bis 80% der Teilnehmer an Gruppenaktivitäten teilnahmen und Zeit mit anderen Menschen verbrachten. Der referenzierte Artikel ist *Putnam, R. D. (2000). Bowling alone: The collapse and revival of the American community. New York: Simon & Schuster.*

Die Zugehörigkeit zu Gruppen hilft uns, ein besseres Leben zu führen und mit existenziellen Fragen wie *Wer bin ich?* oder *Was ist mein Ziel?* usw. umzugehen. Auch wenn einige von uns glauben, dass dies persönliche Fragen sind, auf die jeder von uns eine eigene Antwort hat, besteht kein Zweifel daran, dass unsere Gruppenidentität eine große Rolle bei der Suche nach Antworten auf diese Fragen spielt.

Politische Propaganda wird fast immer in isolierten Gruppen eingesetzt, in denen die Menschen keinen Zugang zu Gegenpositionen und Gegenansichten haben. Geschlossene Gruppen sind anfällig für solche Propaganda, und wenn solche Kampagnen erfolgreich sind, dann ist eine der größten Auswirkungen der Verlust der Gruppenidentität.

Der Verlust der Gruppenidentität kann Sie verletzlich und schwach machen, weil ein großer Teil Ihrer persönlichen Identität mit der Gruppe verbunden ist. Wenn politische Propaganda die Geschichten und Verbindungen innerhalb einer Gruppe unterbricht, fühlen sich die Einzelnen verloren und haben Schwierigkeiten, gemeinsam zu kämpfen, was es dem Feind leicht macht, zu gewinnen.

Rückzug von körperlichen und emotionalen Anstrengungen

Sie wissen bereits, dass Gefühllosigkeit eine der langfristigen Auswirkungen unerbittlicher Manipulationstaktiken ist. Wenn diese Gefühllosigkeit tief wird, zieht sich das Opfer davon zurück, in eine Beziehung zu investieren, sowohl körperlich als auch seelisch.

Körperliche Investitionen bedeuten, dass man Zeit, Energie und greifbare Ressourcen, einschließlich finanzieller Mittel, aufwendet, um die Beziehung aufrechtzuerhalten. Intimität und Sex können ebenfalls unter körperliche Investitionen eingeordnet werden. Die Opfer ziehen sich davon zurück, all dies in ihre Beziehungen zu investieren. Sie leben einfach nur in der Beziehung, ohne etwas zu geben oder von ihr zu erwarten.

Emotionale Investitionen sind in einer Beziehung weitaus anstrengender und der Rückzug davon ist noch anstrengender. Lassen Sie uns sehen, was der Rückzug von emotionalen Investitionen bedeutet und wie sich Manipulationstaktiken darauf auswirken. Stellen Sie sich die folgenden Fragen, um dieses Konzept besser zu verstehen:

- Haben Sie bemerkt, dass Sie sich von Ihren Freunden und Ihrem Partner entfernt haben?

- Haben Sie aufgehört, Dinge zu tun, die Sie früher glücklich gemacht haben?

- Verbringen Sie viel Zeit damit, über die Vergangenheit nachzudenken oder über Ihre früheren Erfahrungen zu reflektieren?

- Gehen Sie immer bewusster damit um, wie Sie Ihre Zeit verbringen? Vielleicht haben Sie sich nicht völlig von den Menschen abgekoppelt, aber Sie wollen auch keine Zeit mit ihnen verbringen.

- Haben Sie das Gefühl, dass es Sie nicht mehr kümmert, wenn sich Ihre Freunde und Angehörigen von Ihnen zurückziehen?

Wenn Sie eine der oben genannten Fragen mit Ja beantworten, könnte das ein Zeichen für emotionalen Rückzug sein. Die Sache mit dem emotionalen Rückzug ist die, dass er ziemlich heikel ist und Sie vielleicht nie wirklich wissen, warum und wie er in Ihrem Leben passiert. Manchmal denken die Menschen, dass dies mit dem Alter zusammenhängt. Es könnte sein, dass Sie manchmal so müde sind, Dinge so zu tun, wie Sie es immer getan haben, dass Sie das Gefühl haben, einen Sättigungspunkt erreicht zu haben und dass es im Leben nichts mehr für Sie gibt. Es kann sein, dass Sie sich zurückziehen, selbst wenn das Leben am geschäftigsten ist.

Was also ist emotionaler Rückzug? Man definiert ihn als physischen oder emotionalen Rückzug aus dem Leben. Sie erreichen dies, indem Sie Ihre Emotionen zurückhalten und sich von den Menschen in Ihrem Leben abkapseln. Emotionaler Rückzug kann genauso schwierig sein wie eine Trennung, ist aber auch körperlich quälend.

Ihr Partner erfüllt keine Ihrer Wünsche und Bedürfnisse, und Sie scheinen es einfach aufzugeben, ihn dazu zu bringen, das zu tun, was Sie wollen. Das Schlimmste am emotionalen Rückzug ist, dass es sich dabei nie um eine absichtliche Reaktion oder Verhaltensweise handelt. Sie

ziehen sich nicht absichtlich von Ihrem Partner oder Ehepartner zurück.
Es passiert einfach.

Ursachen für emotionalen Rückzug

- **Angst** - Wenn Sie sich zurückziehen, weil Sie Angst haben, geraten Sie in einen Kreislauf, in dem Sie ständig daran arbeiten, Ihre Bedürfnisse zu erfüllen, und Sie werden nicht bei anderen um Hilfe bitten oder sich auf sie stützen. Sie haben Angst, Ihre Bedürfnisse und Wünsche gegenüber Ihrem manipulativen Partner zu äußern, weil Sie befürchten, von ihm zurückgewiesen oder lächerlich gemacht zu werden. Diese Angst treibt Sie dazu, sich zurückzuziehen, anstatt Ihre Bedürfnisse zu äußern.

- **Wut** - Als Opfer von Manipulation sind Sie wütend, und das zu Recht. Sie sollten Ihre Wut an der Person auslassen, die Sie wütend gemacht hat. Für manche Menschen ist das jedoch leichter gesagt als getan. Manche Menschen haben kein Problem damit, ihre Wut anderen mitzuteilen. Andere ziehen es vor, sie zu verbergen, weil sie sich nicht mit der Ursache ihrer Wut auseinandersetzen wollen.

  In einer manipulativen Beziehung sind die Opfer oft wütend, aber aus vielen Gründen nicht in der Lage, ihre Gefühle auszudrücken, z.B. weil sie sich nicht mit der Wahrheit auseinandersetzen wollen oder weil sie befürchten, von ihrem Partner zurückgewiesen zu werden. In solchen Fällen wird die Wut unterdrückt. Unterdrückte Wut ist eine der Hauptursachen für emotionalen Rückzug. Sie schwelen lieber im Verborgenen, als offen damit umzugehen.

  Ja, es ist ein rationales Verhalten, mit seiner Wut allein fertig zu werden. Es hilft Ihnen jedoch nicht, sondern macht es noch schlimmer. Sie brauchen jemanden, mit dem Sie über Ihre Wut sprechen können. Andernfalls wird es zu einem emotionalen Rückzug führen.

- **Überwältigende Emotionen** - Jeder Mensch ist emotional unterschiedlich belastbar. Was für den einen in Ordnung ist, kann für den anderen überwältigend sein. Menschen, die starke Emotionen empfinden, neigen zu einer schnelleren Burnout-Rate als diejenigen, die Emotionen mit geringerer Intensität empfinden. Wenn Ihre Emotionen Sie überwältigen, ist die automatische Reaktion, sich zurückzuziehen. Bei manipulativen Partnern sind Sie fast immer mit überwältigenden Emotionen konfrontiert, und Rückzug ist oft eine Möglichkeit, sich davon zu entfernen.

• **Äußere Einflüsse** - Überarbeitung, Stress und unerbittliche Angstgefühle können ebenfalls einen emotionalen Rückzug verursachen. Wenn diese Elemente die Belastungsgrenze einer Person überschreiten, wird der emotionale Rückzug zu einer Überlebenstaktik.

• **Bedürfnis nach Aufmerksamkeit** - In einer manipulativen Beziehung bekommt das Opfer selten Aufmerksamkeit. Der Manipulant ist zu sehr auf sich selbst konzentriert und so sehr damit beschäftigt, seine eigenen Bedürfnisse und Wünsche zu verfolgen, dass die Bedürfnisse des Opfers nicht befriedigt werden. Emotionaler Rückzug ist ein Weg, um die dringend benötigte Aufmerksamkeit zu bekommen, nach der sich das Opfer sehnt. Das Opfer hält seine Gefühle zurück und hofft (in manipulativen Beziehungen hoffnungslos), dass sein Partner seine Wünsche erfüllt.

• **Kindheitstrauma** - Unverarbeitete Kindheitstraumata können im Erwachsenenalter zu emotionalem Rückzug führen. Wenn Ihre Eltern oder Bezugspersonen beispielsweise nicht in der Lage waren, eine Bindung zu Ihnen aufzubauen und sich emotional zurückgezogen haben, könnten auch Sie als Erwachsener so empfinden. Ein großer Prozentsatz des Verhaltens und der Einstellung in der Kindheit wird von den Eltern und Bezugspersonen geprägt; daher ist es sehr wahrscheinlich, dass die oben beschriebene Situation eintritt.

Es ist sehr, sehr schwierig, sich von emotionalen Investitionen zurückzuziehen. Am Ende verdrängen Sie Ihre Gefühle tief in Ihre Psyche, weil Sie nicht wissen, wie Sie mit ihnen umgehen sollen. Es ist zwar in Ordnung, sich eine Zeit lang von Emotionen fernzuhalten, aber wenn Sie sich für längere Zeit von ihnen zurückziehen, können neue Gefühle an die Oberfläche Ihres Bewusstseins kommen und Ihnen weitaus mehr Schaden zufügen als der emotionale Rückzug.

Eine gute Möglichkeit, mit dem emotionalen Rückzug umzugehen, ist, sich professionelle Hilfe von qualifizierten Therapeuten zu holen.

Therapeuten helfen Ihnen, sichere Wege zu finden, um mit Ihren verdrängten Emotionen umzugehen. Durch ihre neutrale Position können sie Ihnen helfen, mit Ihren Gefühlen richtig umzugehen, ohne Schaden anzurichten. Es ist zwar in Ordnung, sich für eine Weile von emotionalen Investitionen zurückzuziehen (es könnte sogar erfrischend sein, dies gelegentlich für kurze Zeiträume zu tun), aber Sie dürfen nicht zulassen, dass diese Ihr Leben kontrollieren und Sie überwältigen.

Die Auswirkungen von Manipulationen und psychologischen Kriegsführungstaktiken sind oft enorm und wirken sich nicht nur auf Ihr Leben, sondern sogar auf die nächste Generation aus. Wenn Sie sich dieser Auswirkungen bewusst sind und lernen, sich und Ihre Lieben davor zu schützen, können Sie dafür sorgen, dass Ihre Nachkommen und die gesamte Menschheit über Generationen hinweg gesund und glücklich bleiben. Lesen Sie weiter, um herauszufinden, wie Sie Verteidigungsstrategien entwickeln können, um mit diesem Problem umzugehen.

Kapitel 9: Verteidigungsstrategien gegen psychologische Kriegsführung

In diesem Kapitel finden Sie verschiedene Tipps, Empfehlungen und Vorschläge, wie Sie mit psychologischer Kriegsführung in verschiedenen Situationen umgehen können, z.B. am Arbeitsplatz, in Beziehungen, in Freundschaften, in den Medien und im Krieg.

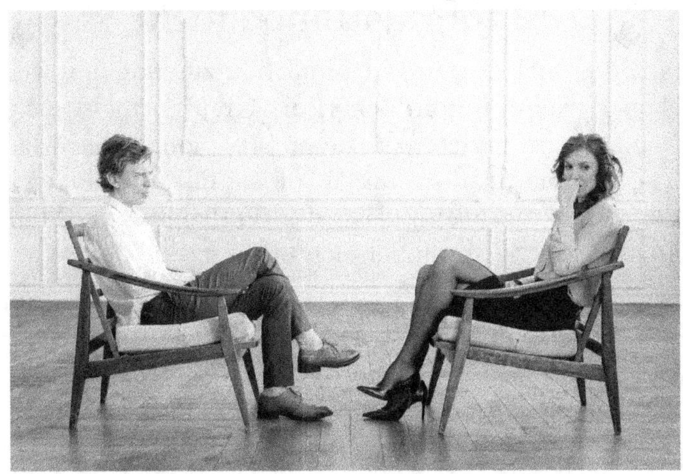

Gaslighters verwenden Schuldzuweisungen, um Ihre Gefühle gegenüber Dingen und Situationen zu minimieren.

Psychologische Kriegsführung in Beziehungen und Verteidigungsmechanismen

Gaslighting ist eine der häufigsten und grausamsten Formen der psychologischen Kriegsführung, die von Manipulanten in Ehen und romantischen Beziehungen eingesetzt wird. Gaslighter benutzen Schuldzuweisungen, um Ihre Gefühle gegenüber Dingen und Situationen zu minimieren.

Sie geben Ihnen das Gefühl, so unwürdig zu sein, dass Sie anfangen zu glauben, dass Sie ohne Ihren manipulativen Partner nicht leben können und dass der Manipulant für all die guten Dinge in Ihrem Leben verantwortlich ist, während alle schlechten Dinge Ihre Schuld sind. Manipulierende Partner können sogar so weit gehen, ihre Opfer glauben zu lassen, dass sie verrückt werden. Sie können den Sinn des Opfers für die Realität verändern.

Hier finden Sie einige Tipps, wie Sie mit Manipulation in romantischen Beziehungen und Ehen umgehen und sich vor den schädlichen Auswirkungen von Manipulation und Gaslighting schützen können.

Bagatellisieren oder verharmlosen Sie Manipulationen nicht

Leider braucht es viel Zeit, um Manipulation zu erkennen, vor allem in romantischen Beziehungen, in denen die Grenzen meist nicht so stark und klar sind wie in anderen Beziehungen. Sobald Sie Manipulation erkennen, sollten Sie nicht so tun, als ob sie für Sie keine große Sache wäre. Akzeptieren Sie nicht, dass das Verhalten des Manipulanten alltäglich ist und dass Sie es hinnehmen müssen.

Emotionale Manipulation muss angegangen werden, unabhängig davon, ob Sie das Opfer oder der Manipulant sind. Es ist keineswegs üblich, dass Täter sich selbst für eine Beratung oder Behandlung entscheiden, weil sie einsehen, dass sie einen Fehler begehen und Hilfe brauchen. Wenn Sie also ein Opfer sind, sind Sie doppelt dafür verantwortlich, etwas dagegen zu tun, um sich und Ihre Angehörigen vor weiteren Qualen und Schmerzen zu schützen.

Und der erste Schritt zur Lösung Ihres Problems besteht darin, zu akzeptieren, dass Sie sich in einer manipulativen Beziehung befinden.

Der beste Weg, den Genesungsprozess zu beginnen, ist ein Gespräch mit Ihrem manipulativen Partner. Nehmen Sie konkrete Beispiele für manipulatives Verhalten und benennen Sie sie ehrlich. Sprechen Sie über Ihre Gefühle in diesen Momenten.

Sagen Sie zum Beispiel: *„Ich fühlte mich durch dein Schweigen und deine Verschlossenheit verloren und desorientiert, als ich anderer Meinung war als du. Ich möchte mich mit dir verbunden fühlen, und Schweigebehandlung ist dabei nicht hilfreich. Ich möchte, dass du dich öffnest und sagst, was du zu sagen hast, anstatt zu schweigen"*. Ein weiteres Beispiel dafür, wie Sie Ihrem Partner die Meinung sagen können, ist dieses. *„Wenn du mich beschuldigst, etwas getan oder gesagt zu haben, was ich nicht getan oder gesagt habe, fühle ich mich verwirrt und verunsichert. Können wir ehrlich darüber sprechen, was zwischen uns passiert?"*

Setzen Sie klare Grenzen

Das Setzen von Grenzen ist in jeder gesunden Beziehung unerlässlich, besonders in manipulativen Beziehungen. Versuchen Sie, mit Ihrem Partner darüber zu sprechen und ihm mitzuteilen, welche Verhaltensweisen in der Beziehung akzeptabel sind und welche nicht . Wenn Sie Grenzen setzen, müssen Sie auch klären, was passiert, wenn die Grenzen überschritten werden.

Hier ist ein Beispiel. *„Ich werde es nicht mehr hinnehmen, wenn du mich unterbrichst, wenn ich mit dir rede. Das nächste Mal, wenn du das tust, werde ich das Gespräch beenden und mich von dir entfernen. Du sollst wissen, dass das wichtig für meine Psyche ist."* Wenn Ihr Partner ein weiteres Mal die Grenzen überschreitet, bleiben Sie hart und gehen Sie, wie Sie es gesagt haben. Kehren Sie nicht überstürzt zurück. Nehmen Sie sich die Zeit, sich auf Ihre geistige und emotionale Selbstfürsorge zu konzentrieren und kehren Sie nur dann zu dem Gespräch zurück, wenn Sie bereit sind, erneut darüber zu sprechen.

Wenn dieses Verhalten trotz wiederholter Ermahnungen anhält, setzen Sie sich eine innere Grenze, um die Beziehung notfalls zu beenden. Dies bringt uns zu dem wichtigen Thema, wann Sie eine Beziehung beenden sollten. Hier sind einige Tipps, die Ihnen helfen, den Wendepunkt richtig einzuschätzen.

Dr. John Gottman, der berühmte amerikanische Psychologe und Professor, spricht über die Bedeutung der Kommunikation in einer gesunden Beziehung, und wenn dieser Aspekt in den folgenden Punkten ausbricht, steht die Beziehung meist kurz vor ihrem Ende. Die vier kritischen Aspekte der Trennungskommunikation sind:

Kritik

Kritik ist etwas ganz anderes als eine Beschwerde. Kritik konzentriert sich auf den Charakter der Person, während sich eine Beschwerde auf die Sache selbst konzentriert. Wenn die Kommunikation diese Ebene der Kritik erreicht, bedeutet das, dass die Beziehung zwischen den Partnern am Abklingen ist.

Eine Beschwerde hört sich zum Beispiel so an: *Ich wünschte, du würdest mir jeden Tag beim Abwasch helfen, anstatt fernzusehen, während ich hart arbeite, um das Haus sauber zu halten.*

Das Gleiche würde sich so anhören, wenn man es mit der Stimme der Kritik sagt: *Du bist so ein egoistischer Idiot. Es ist dir egal, wie hart ich arbeite und wie ich mich fühle.*

Im ersten Satz geht es um den Abwasch und die Hilfe bei der Hausarbeit. Im zweiten geht es um den Charakter der Person. Auch wenn wir alle in unserer Kommunikation Kritik üben, bedeutet das nicht, dass die Beziehung keine Zukunft hat. Wenn jedoch die Kritik in der Beziehung allgegenwärtig ist und dies die einzige Möglichkeit für einen von Ihnen beiden ist, mit irgendetwas zwischen Ihnen beiden umzugehen, könnte dies das Ende bedeuten. Denken Sie daran, dass manipulative Menschen sehr gut mit dem Einsatz von Kritik sind, seien Sie also vorsichtig!

Defensives Verhalten

Defensives Verhalten ist in der Regel eine Reaktion auf wahrgenommene Kritik. Es ist eine Art, die Kritik zu kontern, indem man die Schuld auf externe Faktoren schiebt, und im Fall von manipulativen Beziehungen wird die Schuld auf den geschädigten Partner geschoben. Ein Beispiel für eine Abwehrreaktion geht in etwa so:

Ich habe das Gefühl, dass unser Sexleben nicht gut ist und dass du dich nicht auf meine Wünsche und Bedürfnisse konzentrierst.

Wenn du mich nicht so sehr mit dem Geschirr und der Hausarbeit nerven würdest, könnten wir uns vielleicht mehr auf unsere Intimitätsprobleme konzentrieren.

Es ist ganz natürlich, dass wir es nicht mögen, wenn man uns auf unsere Fehler hinweist oder uns sagt, dass wir etwas falsch machen, weil solche Gespräche unser Selbstwertgefühl bedrohen. Wenn Sie jedoch bei jeder Beschwerde (selbst bei einer echten) mit Abwehr reagieren, könnte dies ein Zeichen für eine gescheiterte Beziehung sein, die auf manipulatives Verhalten zurückzuführen ist.

Verachtung - Verachtung und Respektlosigkeit sind eindeutige Anzeichen für eine gescheiterte Beziehung. Wenn diese Elemente in Ihrem Leben dauerhaft eine große Rolle spielen, könnte dies bedeuten, dass es an der Zeit ist, die Beziehung zu beenden. Mehrere manipulative und Gaslighting-Taktiken basieren auf Verachtung und Respektlosigkeit, um das Opfer zu einem co-abhängigen Partner zu machen.

Stonewalling - Stonewalling wird oft eingesetzt, um mit Verachtung umzugehen, die in der Regel den vollständigen Zusammenbruch der Kommunikation in einer romantischen Beziehung darstellt. Es ist schwierig (aber möglich), sich von einer Beziehung zu erholen, die das Stadium des Stonewallings erreicht hat.

Wenn diese vier Elemente wiederholt (entweder einzeln oder in Kombination) in einer Partnerschaft auftreten, ist dies ein Zeichen für das Ende der Beziehung. Zumindest aus der Sicht eines Opfers ist es unerlässlich, dass Sie diese Kommunikationsprobleme erkennen und sich in Sicherheit bringen, bevor in einer missbräuchlichen, manipulativen Beziehung dauerhafter und irreparabler Schaden entsteht.

Haben Sie Selbstmitgefühl und seien Sie freundlich zu sich selbst

Eines der offensichtlichsten Anzeichen dafür, dass man sich in einer missbräuchlichen, manipulativen Beziehung befindet, ist, dass das Opfer dazu neigt, sich selbst die Schuld zu geben und sich für all das Falsche, das ihm passiert, schuldig zu fühlen. Diese Schuldgefühle kommen normalerweise auf, wenn Sie konkrete Schritte zum Selbstschutz unternommen haben. Unter diesen Umständen versucht der manipulative Partner wahrscheinlich, durch Schuldzuweisungen und Abwehrhaltungen die Kontrolle über Ihr Leben wiederzuerlangen.

Treten Sie einen Schritt zurück, wenn Sie sich übermäßig schuldig fühlen. Denken Sie daran, dass jeder für seine eigene körperliche und emotionale Sicherheit verantwortlich ist. Sie können das Verhalten und die Einstellung Ihres Partners nicht kontrollieren. Es ist jedoch möglich, sich von der Gefahr zu distanzieren, die diese Personen für Ihre Freude darstellen könnten.

Psychologische Kriegsführung in Freundschaften und Verteidigungsmechanismen

Der Umgang mit manipulativen Freunden ist schwierig. Aber wenn Sie nicht die notwendigen Schritte unternehmen, um sich von solchen Menschen fernzuhalten, sind Sie definitiv einem hohen Risiko ausgesetzt, Ihre eigene Zufriedenheit zu gefährden. Im Folgenden finden Sie also einige Abwehrmechanismen, mit denen Sie sich davor schützen können, in die Falle der psychologischen Kriegsführung in Freundschaften zu tappen.

Der beste Weg, mit Manipulationen in Ihrem Leben umzugehen, ist, den Kreislauf der Opferrolle zu durchbrechen. Lernen Sie, Nein zu sagen, damit Sie weniger anfällig für manipulative Freunde werden. Das Problem bei der Manipulation ist, dass Sie sich am Ende gut fühlen, wenn der Manipulant Sie lobt oder ein paar nette Worte zu Ihnen sagt, nachdem Sie sich für ihn verbogen haben. Vorübergehend bekommt Ihr Selbstwertgefühl einen Schub. Erinnern Sie sich jedoch daran, dass es bessere und weniger schädliche Wege gibt, Ihr Selbstwertgefühl zu steigern, als auf die unaufrichtige Freundlichkeit manipulativer Freunde hereinzufallen.

Wenn Sie Nein sagen, halten Sie sich diese toxischen Freunde vom Leib und gewinnen die nötige Zeit und Energie, um die Freundschaft neu zu bewerten. Üben Sie das Nein-Sagen, damit Ihnen die Worte ungehindert von der Zunge fließen, wenn es soweit ist. Hier finden Sie einige hervorragende Beispiele für ein entschiedenes Nein:

Sagen Sie es einfach. Reden Sie nicht um den heißen Brei herum und versuchen Sie, Worte zu finden, von denen Sie glauben, dass sie den Schlag abfedern können. Je mehr Sie um den heißen Brei herumreden, desto leichter findet derjenige Lücken, um Sie erneut zu manipulieren. Sagen Sie es einfach und lassen Sie keinen Spielraum für Verhandlungen. Fühlen Sie sich nicht schuldig und sehen Sie sich nicht gezwungen, etwas für diese Freunde zu tun.

Seien Sie selbstbewusst und entschlossen. Sie können auch Höflichkeit anwenden. Aber im Umgang mit Manipulanten sollte die

Entschlossenheit stärker sein. Sie können Dinge sagen wie:

- *Ich kann dir im Moment nicht helfen, aber ich lasse es dich wissen, wenn ich kann.*

- *Ich bin im Moment sehr ausgelastet. Vielleicht helfe ich dir beim nächsten Mal.*

Seien Sie egoistisch

Denken Sie daran, dass Sie es mit Manipulanten zu tun haben, deren Egoismus weitaus größer ist als der Ihre. Sie müssen Ihre Vernunft und Ihre Freude über alles andere stellen, denn das ist der natürliche Weg des Lebens. Und dieser Grundsatz gilt umso mehr, wenn Sie es mit der Gerissenheit von manipulativen Freunden zu tun haben.

Wenn es um Freundschaften geht, ist das Geben und Nehmen ausgeglichener als zwischen Familienmitgliedern und romantischen Partnern. Wenn Sie also das Gefühl haben, mehr zu geben als zu nehmen, dann ist es an der Zeit, aufzupassen und aufmerksam zu sein.

Psychologische Kriegsführung durch Medien und Verteidigungsmechanismen

In einem der vorangegangenen Kapitel wurde der Umgang mit der Manipulation durch die Presse beschrieben. In diesem Abschnitt geht es darum, wie Sie Abwehrmechanismen schaffen, um mit der psychologischen Kriegsführung und den Manipulationstaktiken, die in den sozialen Medien üblich sind, umzugehen und sie zu vermeiden. Bis vor ein paar Jahren wurde die Manipulation durch soziale Medien noch belächelt, und schlimmer noch, die meisten Menschen glaubten nicht, dass dieses Konzept existiert.

Es ist jedoch allgemein bekannt, dass Computeralgorithmen in der Lage sind, unser Verhalten vorherzusagen, und sie werden für gezieltes Marketing sowie für Manipulationstaktiken von allen genutzt, einschließlich Unternehmen, Politikern, Regierungen usw. Soziale Medien kontrollieren buchstäblich unser Leben. Hier sind einige einfache Tipps, um die Kontrolle zurückzugewinnen.

Verlassen Sie sich nicht auf soziale Medien für jede Art von Nachrichten

COVID-19 hat uns deutlich gelehrt, dass schlechte Informationen nicht nur Verwirrung stiften, sondern auch Menschenleben kosten können. Es besteht kein Zweifel, dass die sozialen Medien viele Vorteile haben, da sie uns fast sofortigen Zugang zu Nachrichten verschaffen und uns auf vielfältige Weise unterstützen. Aber es besteht auch kein Zweifel daran, dass soziale Medien ein zweischneidiges Schwert sind.

So wie gute Menschen nützliche Informationen teilen können, um anderen zu helfen, können skrupellose Menschen soziale Medien nutzen, um falsche Informationen zu verbreiten, um Schaden anzurichten und Systeme und Menschen zu manipulieren. Außerdem sind die Algorithmen nicht darauf ausgelegt, die Richtigkeit von Fakten und Daten zu überprüfen. Menschen nutzen sie, um extremistische Gedanken und Ideen zusammen mit ungenauen Informationen und Daten zu verbreiten. Verlassen Sie sich daher nicht auf soziale Medien, wenn es um genaue Informationen und Nachrichten jeglicher Art geht.

Vermeiden Sie Echokammern

Echokammern sind Räume in sozialen Medien, die nur Ihre eigenen Ideen, Meinungen und Glaubenssysteme widerspiegeln. Folglich werden diese Ideen und Überzeugungen verstärkt und lassen wenig oder keinen Raum für alternative Ideen und Gedanken. Aus psychologischer Sicht wird dieses Konzept als Bestätigungsfehler bezeichnet.

Die meisten von uns neigen von Natur aus dazu, sich für Informationen zu interessieren, die wir bereits kennen und glauben. Wir fühlen uns mit Dingen und Elementen wohl, die mit unserer Sichtweise und Weltanschauung übereinstimmen. Die Algorithmen der sozialen Medien sind bereits so konzipiert, dass sie diese Informationen berücksichtigen, so dass die Plattformen der sozialen Medien von diesen Informationen profitieren können.

Dank dieser mächtigen Informationen haben uns die sozialen Medien in der digitalen Welt in verfeindete Stämme gespalten. In dieser Hinsicht ist die moderne menschliche Welt ebenfalls zur Antike geworden. Wir wissen voneinander so viel, wie die alten Römer von den Maya-Bürgern wussten, die viele Kilometer entfernt lebten. Vermeiden Sie daher Echokammern, die nur auf Ihre Überzeugungen ausgerichtet sind. Schauen Sie sich nach alternativen Standpunkten um, um zu erkennen, dass es überall auf der Welt kulturell, religiös und geografisch unterschiedliche Menschen gibt, und dass jeder von uns in Harmonie mit allen anderen leben kann.

Begrenzen Sie die Zeit auf sozialen Medien

Die Begrenzung der Zeit, die Sie mit sozialen Medien verbringen, ist eine der offensichtlichsten Maßnahmen gegen die Kontrolle, die sie über unser Leben haben. Trotzdem tun die meisten von uns das nicht. Wir verlieren uns so sehr im Sumpf der Interaktionen in den sozialen Medien, dass wir vergessen, dass wir ein echtes Leben außerhalb der virtuellen Welt haben. Wir verlieren die Kontrolle über unser Leben.

Es ist am besten, die Zeit zu stoppen und aus den sozialen Medien auszusteigen, wenn die Zeit abgelaufen ist. Dazu müssen Sie natürlich Ihre Willenskraft und Selbstdisziplin aufbringen, wenn der Wecker klingelt. Wenn das bei Ihnen nicht funktioniert, können Ihnen viele kostenlose Apps helfen, Ihre Zeit in den sozialen Medien zu verwalten. Nutzen Sie eine dieser Apps und entziehen Sie sich der Kontrolle, die soziale Medienplattformen über Sie ausüben können, ohne auf die zahlreichen Vorteile zu verzichten, die sie Ihnen bieten. Erstellen Sie einen Zeitplan für sich selbst und halten Sie sich gewissenhaft daran.

Schalten Sie Push-Benachrichtigungen aus

Was passiert, wenn Sie eine Benachrichtigung über soziale Medien sehen? Haben Sie sich selbst und Ihre Gefühle beobachtet? Es ist ein regelrechter Dopaminrausch. Wir müssen sehen, worum es in der Benachrichtigung geht, weil wir glauben, dass jemand da draußen versucht, uns Nachrichten zu schicken. Jemand hat Sie bemerkt und möchte mit Ihnen in Kontakt treten. Der Wunsch nach sozialen Kontakten ist tief verwurzelt, und Benachrichtigungen stehen für erfolgreiche soziale Interaktionen, die zu einem Dopaminrausch führen.

Es ist geradezu diabolisch, wie Social Media-Unternehmen diesen Dopaminrausch durch wiederholte Benachrichtigungen missbrauchen, die oft nicht unbedingt echte Nachrichten oder soziale Verbindungen darstellen. Das Traurige daran ist, dass dieser Rausch nicht sehr lange anhält und durch wiederholtes Handeln verstärkt wird. So funktioniert Sucht, und die sozialen Medien verwenden dieselbe Formel, um ihre Nutzer süchtig zu machen.

Die beste und einzige Möglichkeit, dieser Art von Mediensucht entgegenzuwirken, besteht darin, die Benachrichtigungen außerhalb der begrenzten Zeit, die Sie selbst festgelegt haben, abzuschalten. So können Sie nicht in die Falle tappen, den sozialen Medien und ihren Nachrichten übermäßig ausgesetzt zu sein. Sie müssen sich an den Zeitplan halten, den Sie für sich selbst erstellt haben.

Klicken Sie nicht auf Werbelinks

Werbung und gezieltes Marketing sind die häufigsten Einnahmequellen für soziale Medien. Dank einiger hervorragender Algorithmen, von denen viele auf der Technologie der künstlichen Intelligenz basieren, verfügen die sozialen Medienplattformen über so viele Informationen über uns, dass sie das Konzept des gezielten Marketings nutzen, um uns Werbelinks zu schicken, die auf unseren Bedürfnissen, Wünschen und Vorlieben basieren. Das Klicken auf diese Werbelinks ist zur Norm geworden, wenn wir uns auf sozialen Medienplattformen bewegen. Wir verlieren die Kontrolle über uns selbst, wenn wir diese Werbung sehen, und kaufen schließlich impulsiv Produkte. Wenn Sie also aufhören, auf Werbelinks zu klicken, hat das zwei große Vorteile.

Der erste Vorteil ist, dass wir impulsive Käufe auf einer persönlichen Ebene verhindern. Wir vermeiden es, unnötig Geld auszugeben, was häufig passiert, wenn wir auf Werbelinks klicken, die unsere Lieblingsprodukte oder -dienstleistungen bewerben.

Es ist ganz natürlich, dass wir Produkte, die wir kaufen möchten, sofort kaufen. Wenn uns diese durch einen einfachen Klick präsentiert werden, ist der Impuls so stark, dass wir am Ende Dinge kaufen, ohne die Vor- und Nachteile zu prüfen. Viele Tage später erkennen wir unsere Dummheit und denken, dass wir das Geld für etwas Wesentliches und Nützliches hätten verwenden können. Indem wir nicht auf Werbelinks klicken, sparen wir uns eine Menge Geld.

Der zweite Vorteil ist einer, der sich auf lange Sicht sehr positiv auswirken kann. Wenn wir alle das tun würden, was in den nächsten Sätzen erklärt wird, könnten wir das gezielte Marketing mit seinen eigenen Waffen schlagen. Heutzutage sind soziale Medienplattformen bei ihren Einnahmen stark von Werbung abhängig. Leider wird dieses Instrument wahllos eingesetzt, um ihre Gewinnziele zu erreichen, ohne Rücksicht auf den Kundennutzen zu nehmen.

Wenn wir aufhören, auf diese Werbelinks zu klicken, werden die Einnahmeströme der Social Media-Plattformen beeinträchtigt. Wenn sich dies negativ auf den Gewinn auswirkt, werden sie gezwungen sein, neue und innovativere Lösungen zu finden, und vor allem werden die sozialen Medien dazu veranlasst sein, sich auf den Nutzen der Anwender ebenso sehr zu konzentrieren wie auf ihre Rentabilität.

Dieses Ergebnis wird vielleicht nicht über Nacht eintreten, und außerdem erfordert es eine vereinte Bemühung der Mehrheit der Nutzer sozialer Medien. Wenn Sie jedoch auf persönlicher Ebene beginnen und dieses Bewusstsein an Ihre Freunde und Familie weitergeben, können Sie ein kleines Rinnsal in eine große Lawine der Revolution verwandeln, die langfristig zu besseren Ergebnissen führt. Hören Sie also auf, auf Werbelinks zu klicken.

Die meisten von uns glauben, dass die Regulierung und Überwachung sozialer Medien nicht unsere Aufgabe ist, sondern die von Regierungen, Gesetzgebern und Strafverfolgungsbehörden. Dennoch ist jeder von uns der Gesellschaft gegenüber verpflichtet, seinen Teil dazu beizutragen. Sensibilisierung ist der erste Schritt zu diesen Veränderungen. Fangen Sie an, sich bewusst zu machen, wie soziale Medien Ihr persönliches Leben beeinflussen, und tun Sie etwas, um diesen negativen Auswirkungen entgegenzuwirken.

Verbreiten Sie das Bewusstsein, das Sie gewonnen haben, in Ihrer Familie und unter Ihren Freunden, damit wir uns langsam aber sicher in Richtung eines verantwortungsvolleren und produktiveren Rahmens für soziale Medien bewegen, als wir ihn derzeit haben.

Psychologische Kriegsführung im Krieg und Verteidigungsmechanismen

In Kriegen werden zahlreiche psychologische und politische Kriegstaktiken eingesetzt, die vor allem die einfachen Bürger betreffen. Der größte Beitrag unter allen Instrumenten der politischen Kriegsführung ist die Desinformation und Fehlinformation, insbesondere im Krieg. In der Tat ist dies ein Schlüsselelement, das von fast allen politischen Führern über kulturelle und geografische Grenzen hinweg eingesetzt wird.

Politische Führer und Regierungen fälschen routinemäßig Informationen, blähen Daten auf und fälschen sie u.a. aus folgenden Gründen:

- Um militärische Macht und Stärke zu demonstrieren

- Um die Qualität und Quantität der von ihren Feinden verübten Gräueltaten zu verstärken.

- Um die Qualität und Quantität der Gräueltaten, die den Feinden zugefügt werden, zu verringern.

All diese Taktiken werden eingesetzt, um die Gegner zu verwirren und zu demoralisieren und das Vertrauen und die Moral der eigenen Bevölkerung zu stärken. Dank der zunehmenden Nutzung und Verbreitung von Social-Media-Plattformen ist Propaganda eine Selbstverständlichkeit, insbesondere in Kriegen.

Wenn sich Fehlinformationen einmal verbreitet haben, ist es leider fast unmöglich oder zumindest äußerst schwierig, sie zu korrigieren. Am besten ist es, solchen Ereignissen zuvorzukommen, um zu verhindern, dass die Menschen solchen Taktiken zum Opfer fallen. Es ist wichtig, dass wir als normale Bürger auf solche Fehlinformationen aufmerksam werden. Wir müssen wissen, dass fast alle Führer diese Methode anwenden. Wir sollten objektiv sein und nicht auf Spielereien und gefälschte Informationen hereinfallen.

Prüfen Sie alles, was Sie sehen und hören, und stellen Sie es in Frage. Wenn eine Person oder eine Gruppe wiederholt dasselbe sagt, werden Sie sich dessen bewusst und überprüfen Sie es anhand anderer Quellen. Erinnern Sie sich an alle Möglichkeiten, wie soziale Medien missbraucht werden können, und überprüfen Sie, ob die Nachricht, die Sie erhalten, eine dieser Methoden verwendet. Stellen Sie sicher, dass Sie nur verifizierte Quellen für Ihre Informationen verwenden.

Und schließlich sollten Sie daran denken, dass keine Information objektiv berichtet wird. Jeder Reporter kommt nicht umhin, ein wenig Subjektivität in seinen Bericht einfließen zu lassen. Lesen Sie alle Informationen kritisch. Wenn Sie glauben, dass etwas oder jemand zu gut ist, um wahr zu sein, ist die Wahrscheinlichkeit sehr groß, dass Sie Recht haben. Vor allem aber sollten Sie wissen, dass alle Daten auf unzählige Arten dargestellt werden können, je nachdem, wer sie präsentiert und welches Ergebnis er sich von den Daten verspricht.

Je mehr Sie sich der psychologischen und politischen Kriegsführung bewusst werden, die Menschen einsetzen, um Sie zu manipulieren und zu kontrollieren, desto besser sind Ihre Chancen, sich und Ihre Lieben vor ihnen zu schützen.

Kapitel 10: Wie Sie sich der Gehirnwäsche widersetzen kann

In diesem letzten Kapitel erfahren Sie Schritt für Schritt, wie Sie sich vor einer Gehirnwäsche schützen können. Es geht nicht darum, wie Sie sich in bestimmten Situationen der psychologischen Kriegsführung verteidigen können, sondern darum, wie Sie sich selbst aufbauen können, bevor Sie in eine Situation der psychologischen Kriegsführung geraten. Die hier besprochenen Ideen und Empfehlungen sollen Ihnen dabei helfen, sich selbst und Ihre Persönlichkeit so zu stärken, dass Sie gegen eine Gehirnwäsche resistent werden können. Lassen Sie uns gleich zur Sache kommen.

Je mehr Sie über sich selbst wissen, desto besser werden Sie mit der Außenwelt umgehen können.

https://www.pexels.com/photo/woman-in-black-jacket-standing-on-road-13942542/

Selbstbewusstsein aufbauen

Seien Sie sich bewusst, wofür Sie stehen und wer Sie sind. Je mehr Sie über sich selbst wissen, desto besser werden Sie mit der Außenwelt umgehen können. Sie werden Gedanken, Ideen und Meinungen erkennen, die mit Ihren eigenen übereinstimmen, und solche, die davon abweichen. Die Kenntnis darüber, wer Sie sind, wo Sie stehen und was Ihre Stärken und Schwächen sind, bringt zahlreiche Vorteile mit sich, unter anderem:

- **Bessere Beziehungen** - Wenn Sie sich Ihrer selbst bewusst sind, können Sie in persönlichen und beruflichen Beziehungen mühelos gesunde Grenzen setzen. Selbst wenn jemand versucht, Sie einer Gehirnwäsche zu unterziehen, werden Sie davon nicht betroffen sein, weil Sie sich darüber im Klaren sind, wer Sie sind, was Sie wollen und wie Sie es bekommen, ohne übermäßig von anderen abhängig zu sein.

- **Klares Denken und Entscheidungsfähigkeit** - Ein verwirrter und durcheinander geratener Geist ist einer guten Entscheidungsfähigkeit nicht förderlich. Sie können nicht klar denken, wenn Ihre Emotionen und Verwirrung Ihren Verstand vernebeln. In einem Umfeld, das von Daten und Informationen überflutet wird, ist eine solche Einstellung nicht nur unproduktiv, sondern auch gefährlich.

  Selbsterkenntnis hilft Ihnen, einen klaren Kopf zu bekommen, damit Sie objektiv und korrekt entscheiden können. Die Taktik der Gehirnwäsche wird in einer solchen Konstellation scheitern. Hier sind einige Tipps, die Ihnen helfen, Ihr Selbstbewusstsein zu stärken.

- **Achten Sie darauf, was Sie ängstlich und besorgt gegenüber anderen Menschen macht.** Denn meistens ist das, was uns an anderen Menschen stört, ein Spiegelbild der Eigenschaften, die wir an uns selbst nicht mögen. Zum Beispiel hassen Sie Lügner, weil auch Sie Lügen benutzen, um unangenehmen Situationen in Ihrem Leben zu entkommen. Sie brauchen sich nicht zu schämen, wenn Sie diese Übung machen, denn das Ziel dieser Übung ist es, Ihr Selbstbewusstsein zu stärken, und nicht, mehr zu lügen.

-

Ein Leben in Verleugnung oder das Ignorieren Ihrer Schwächen wird Ihnen nicht helfen, ein besserer Mensch zu werden. Beginnen Sie also damit, alles an sich selbst zu akzeptieren. Der beste Weg, um herauszufinden, was Sie nicht mögen, ist, das zu finden, was Sie an anderen nicht mögen.

- **Meditieren Sie über Ihre Gedanken.** Konzentrieren Sie sich auf die Verbindung zwischen Ihren Gedanken und Gefühlen. Welche Gedanken machen Sie glücklich? Welche Gedanken machen Sie traurig? Der Trick bei dieser Übung zur Stärkung des Selbstbewusstseins besteht darin, dass Sie sich auf Ihre Gedanken und Gefühle konzentrieren, ohne sie in irgendeiner Weise zu bewerten. Denken Sie daran, dass Sie nicht Ihre Gedanken sind. Aber wenn Sie sich bewusst sind, wie Ihr Geist arbeitet, können Sie Ihr Selbstbewusstsein stärken.

- **Lesen Sie viel.** Lesen Sie viel gute Belletristik, denn große Schriftsteller sind auch hervorragende Beobachter, insbesondere der menschlichen Natur. Sie beschreiben Gefühle, Wünsche, Gedanken und Handlungen sehr gut. Wenn Sie solche Bücher lesen, fällt es Ihnen leicht, eine Verbindung zu Ihren eigenen Gedanken, Handlungen und Wünschen herzustellen und so Ihr Selbstbewusstsein zu stärken.

- **Identifizieren Sie Ihre emotionale Schwäche.** Wir alle hassen es, irgendeine Art von negativen Emotionen zu empfinden. Wir versuchen stets zu vermeiden, traurig, beschämt, schuldbewusst, ängstlich usw. zu sein. Dennoch hat jeder von uns eine oder vielleicht zwei Emotionen, die er von ganzem Herzen hasst. Manche Menschen würden alles tun, um zu verhindern, dass sie traurig sind. Andere sind bereit, viel zu opfern, um keine Angst zu haben. Es ist die Emotion, die Sie am meisten fürchten.

Finden Sie die Emotion, die Sie besonders verabscheuen und für deren Vermeidung Sie bereit sind, einen weiten Weg zu gehen. Diese Emotion wird als Ihr emotionales Kryptonit bezeichnet. Sobald Sie es identifiziert haben, müssen Sie Wege finden, sich ihm zu stellen, anstatt es unter den Teppich zu kehren. Wenn Sie lernen, mit dem Unbehagen umzugehen, das mit Ihrem emotionalen Kryptonit verbunden ist, können

Sie eine Fülle von Einsichten und Wissen über sich selbst freisetzen, die bisher unter dieser Emotion verborgen waren.

- **Erstellen Sie eine Zeitleiste Ihres Lebens.** Setzen Sie sich mit einem Blatt Papier und einem Stift hin und schreiben Sie die wichtigsten Ereignisse in Ihrem Leben auf, von Ihrer Geburt bis gestern. Messen Sie diese Ereignisse nicht daran, wie groß oder klein sie waren. Stattdessen sollten Sie die Auswirkungen dieser Ereignisse auf Ihr Leben und Ihre Persönlichkeit messen. Berücksichtigen Sie dabei sowohl negative als auch positive Erfahrungen und Ereignisse. Diese Entwicklungsperspektive Ihres Lebens wird Ihnen neue Einsichten über sich selbst vermitteln.

Und zum Schluss: Zögern Sie nicht, Menschen, die Sie lieben und denen Sie vertrauen, um Feedback zu bitten. Fragen Sie sie, was sie an Ihnen mögen oder nicht mögen. Manchmal übersehen wir Dinge (sowohl gute als auch schlechte) an uns, die für andere offensichtlich sind. Diese Dinge werden als toter Winkel bezeichnet.

Sie könnten zum Beispiel sehr hilfsbereit auf andere wirken. Sie selbst halten sich aber nicht für einen hilfsbereiten Menschen. Das Wissen um Ihre toten Winkel ist ein Schlüsselelement bei der Entwicklung von Selbstbewusstsein.

Haben Sie Ihre eigene Vision

Haben Sie eine Vision für Ihr Leben, die Ihnen gehört und nur Ihnen. Vermeiden Sie es, in die Trend-Falle zu tappen. Alle wollen Musiker werden, also wollen Sie es auch. Alle wollen einen gut bezahlten Job in einem Unternehmen, also wollen Sie auch einen. Vermeiden Sie diesen Herdentrieb und folgen Sie Ihrer eigenen Leidenschaft. Nutzen Sie diese Anregungen, um eine Vision für sich selbst zu entwickeln und nicht etwas, das Sie nur von anderen aufgeschnappt haben. Natürlich dürfen Sie die Motivation durch Vorbilder nicht mit dem Folgen der Herde verwechseln.

- Klären Sie zuallererst alle Ihre alten Wunden. Nur wenn Sie sich um Ihre Vergangenheit gekümmert haben, können Sie den Weg für die Zukunft ebnen.

- Erinnern Sie sich immer wieder daran, dass Sie nicht das Zentrum des Universums sind. Sie sind nur ein kleiner Teil, wie jeder andere auch. Suchen Sie nach einer Vision, die Ihnen selbst hilft und den anderen in Ihrem Leben einen Mehrwert bietet.

- Erforschen Sie Ihre Talente und Ihre Leidenschaft. Was ist die Tätigkeit, bei der Sie das Gefühl für Zeit verlieren? Was ist die Gabe, die Sie einzigartig macht und von den anderen um Sie herum unterscheidet?

- Lernen Sie von den Menschen, die Sie mögen und bewundern. Verbringen Sie mehr Zeit mit ihnen. Welche Dinge mögen Sie an ihnen und warum? Haben Sie das Zeug dazu, so zu werden wie sie?

- Stellen Sie sich Ihr zukünftiges Leben vor. Wie sehen Sie sich und Ihr Leben in fünf Jahren? Warum stellen Sie sich diese Zukunft vor?

- Schränken Sie sich und Ihre Vision nicht ein. Etwas, das Ihnen wie ein Wunschtraum vorkommt, kann leicht möglich sein, wenn Sie bereit sind, die Verantwortung für diesen Traum zu übernehmen und alles zu geben, um ihn zu verwirklichen. Haben Sie keine Angst vor Unannehmlichkeiten und Problemen, die zwangsläufig auf Sie zukommen werden. Es mag beängstigend sein, aber es wird auch aufregend sein, Spaß machen und - was noch viel wichtiger ist - erfüllend sein.

- Schreiben Sie Ihr Leitbild auf. Fügen Sie die Schritte und Prozesse hinzu, mit denen Sie sie erreichen wollen. Stellen Sie sicher, dass Sie klar definierte Meilensteine haben.

- Ziehen Sie sich selbst auf verschiedene Weise zur Verantwortung. Wenn es Ihnen schwerfällt, dies selbst zu tun, bitten Sie jemanden um Hilfe, dem Sie vertrauen und der Sie anspornen kann, das zu erreichen, was Sie sich vorgenommen haben. Wählen Sie jemanden, der an Ihre Fähigkeiten glaubt und sich nicht scheuen wird, Sie voranzubringen.

- Und schließlich sollten Sie daran denken, dass nichts auf dieser Welt in Stein gemeißelt ist. Bleiben Sie also mit Ihrer Vision flexibel und nehmen Sie dynamische Änderungen vor, wenn es die Situation erfordert.

Wenn sich Ihr Selbstbewusstsein entwickelt, hören Sie auf, sich nach Dingen zu sehnen, die Ihnen nicht wichtig sind. Daher können Dinge wie politische und persönliche Manipulationstaktiken Sie und Ihre

Persönlichkeit nicht in die Falle locken.

Entwickeln Sie Neugierde

Denken Sie nach und seien Sie neugierig auf Dinge. Lernen ist eine nie endende Aufgabe und zieht sich durch unser ganzes Leben, von unserer Geburt bis zu unserem Grab. Das Besondere am Lernen ist, dass es nicht nur auf diejenigen beschränkt ist, die Zugang zu Büchern haben. Ein Leben voller Neugierde ist mehr als genug, um den Lernprozess in Ihrem Leben aufrechtzuerhalten.

Neugierde ist der wichtigste Schlüssel zu Wissen und Selbstverbesserung. Wenn Sie Ihrer Neugierde auf den Grund gehen, lernen Sie die Gründe kennen, warum und wie Dinge geschehen. Wenn Ihre Neugierde nicht gestillt ist, graben Sie tiefer und lernen noch mehr als zuvor. Wenn Sie neugierig sind, öffnen sich neue Türen, und neue Wege tun sich für Sie auf.

Ein neugieriger Mensch langweilt sich nie und lässt sich auch nicht so leicht täuschen, so dass er vor einer Gehirnwäsche sicher ist. Hier sind ein paar Tipps, wie Sie Ihre Neugierde fördern können:

Lesen Sie viel und gehen Sie Ihren Interessen nach. Wenn Sie etwas finden, das Sie interessiert, sollten Sie nicht nur an der Oberfläche bleiben. Gehen Sie stattdessen in die Tiefe und lernen Sie mehr darüber.

Schärfen Sie Ihren Verstand durch die Lektionen anderer. Indem Sie sich mit anderen austauschen, lernen Sie verschiedene Sichtweisen kennen und erweitern so Ihren Lernhorizont.

Scheuen Sie sich nicht, Bibliotheken und Buchhandlungen zu besuchen und in Büchern zu stöbern. Es ist zwar einfacher und bequemer, Antworten im Internet zu finden, als in Büchern zu stöbern, aber Ihr Horizont wird sich nur dann erweitern, wenn Sie in verschiedenen Büchern blättern. Die auf Algorithmen basierenden Antworten im Internet können Ihre Neugier niemals befriedigen. Die Art und Weise, wie unser Herz und unser Verstand mit zufälligen Informationen umgehen, erweitert unsere Lern- und Wissensfähigkeit weit mehr als irgendwelche KI-basierten Antworten, die durch Internetsuchen gegeben werden.

Scheuen Sie sich nicht, Fragen zu stellen, auch wenn sie Ihnen dumm erscheinen. Seien Sie tolerant, aber unbeeindruckt von der Kritik bestimmter Leute, die meinen, dass man nicht alle Fragen stellen sollte.

Fragen Sie einfach, was Ihnen in den Sinn kommt.

Denken Sie für sich selbst. Denken Sie tief in sich hinein, um auf Ideen und Gedanken zu kommen. Vermeiden Sie es, sich auf das Internet zu verlassen, um neue Ideen zu bekommen. Tun Sie es selbst. Es spielt keine Rolle, ob Sie denken, dass Ihre Ideen zu einfach sind, um sie mit anderen zu teilen. Durch wiederholtes Üben wird Ihr Geist immer besser darauf eingestellt sein, komplexe, vielschichtige Ideen und Gedanken zu entwickeln.

Seien Sie interessiert an allem, was um Sie herum geschieht. Wenn Sie ein neues Wort hören, schlagen Sie es im Internet nach, um seine Bedeutung herauszufinden, und bilden Sie Ihren eigenen Satz damit. Wenn Sie in einem Gespräch mit jemandem von einem historischen Ereignis oder einer Person hören, finden Sie mehr über dieses Ereignis oder diese Person heraus. Wenn Sie von einer neuen wissenschaftlichen Entdeckung hören, lesen Sie mehr darüber.

Je neugieriger Sie sind, desto mehr werden Sie lernen. Und je mehr Sie lernen, desto besser sind Sie davor geschützt, einer Gehirnwäsche unterzogen zu werden.

Seien Sie offen und geerdet

Seien Sie offen, aber bleiben Sie in sich geerdet. Wenn Sie sich öffnen, schaffen Sie Raum für mehr Menschen, die in Ihr Leben treten, als wenn Sie sich verschließen. Ein sozialer Kreis von respektabler Größe eröffnet Ihnen Möglichkeiten und Perspektiven, die Ihnen verwehrt bleiben, wenn Sie sich verschließen. Zwischenmenschliche Beziehungen spielen eine sehr wichtige Rolle bei der Entwicklung Ihrer Persönlichkeit und Ihres allgemeinen emotionalen und geistigen Wohlbefindens.

Wenn Sie mit Menschen mit unterschiedlichem Hintergrund in Kontakt kommen, nehmen Sie unterschiedliche Ideen und Gedanken auf, was Ihren Wissenshorizont erweitert und Ihre Toleranz erhöht. Wenn Sie sehen, dass andere mit Dingen glücklich sind, die Sie nicht mögen, erkennen Sie, dass Menschen einfach anders sind und Ihnen nicht über- oder unterlegen sind. Dieser Ansatz führt zu einer objektiven Sichtweise, die Sie befähigt, alle Gedanken und Meinungen zu akzeptieren und zu respektieren, während Sie Ihre eigene mit Stolz und Würde vertreten.

Um sich vor einer Gehirnwäsche zu schützen, müssen Sie sich mit Ihrem authentischen Selbst verbinden, anstatt sich mit einer geliehenen und trendigen Identität zu arrangieren. Bleiben Sie also bodenständig, hören Sie nie auf zu lernen, seien Sie Sie selbst und seien Sie sich bewusst, dass es verschiedene Arten von Menschen auf der Welt gibt. Denken Sie daran, dass Unterschiede dazu da sind, die Welt lebendig und schön zu machen und nicht dazu, sie zu diskriminieren.

Fazit

Wenn Sie das Gefühl haben, dass Sie verrückt werden und alles andere auf der Welt in Ordnung ist, oder wenn Sie das Gefühl haben, dass Sie völlig im Unrecht sind und Ihr Ehepartner/Boss/Partner/Freund völlig im Recht ist, oder wenn Sie denken, dass Sie alle Fehler gemacht haben und der Rest der Welt keinen, sollten Sie einen Schritt zurücktreten und diese Gefühle und Gedanken überdenken.

Denn diese extremen Gedanken sind unnatürlich, niemand auf der Welt ist ganz schwarz oder ganz weiß. Die Welt und alle ihre Bewohner sind praktisch grau, eine Kombination aus Schwarz und Weiß. Das ist eine Tatsache. Wenn Ihnen jemand sagt, dass alles, was Sie tun, falsch und alles, was er tut, richtig ist, ist das ein Warnzeichen dafür, dass Sie es mit einem Manipulanten in Ihrem Leben zu tun haben könnten. Treten Sie einen Schritt zurück, überdenken Sie alles in Ihrem Leben, insbesondere die Anwesenheit dieser Person, und seien Sie bereit, einige schwierige, aber wichtige Entscheidungen zu treffen.

Bauen Sie sich ein neues Leben auf, ohne solche Menschen an Ihrer Seite. Schaffen Sie sich ein Schutzpolster, indem Sie Ihre Persönlichkeit so aufbauen, dass Ihre Einzigartigkeit durchscheint und Sie ohne die Hilfe anderer glücklich sein können. Schaffen Sie sich eine Welt frei von Manipulation und Täuschung und lassen Sie nur diejenigen in Ihre Welt, die Sie dort wollen.

Lernen Sie, die Züge manipulativer Menschen zu erkennen. Seien Sie sich der Verhaltensweisen anderer Menschen bewusst. Hüten Sie sich vor unaufrichtigen Komplimenten und Lob von Menschen, die Sie gerade erst kennengelernt haben. Sie könnten den Rahmen dafür schaffen, Sie durch falsches Lob zu manipulieren. Je weniger Sie mit Manipulanten in Kontakt kommen, desto besser wird Ihr Leben sein.

Lernen Sie, sich mit genügend Munition in Form von Selbstvertrauen, Selbstbewusstsein und Neugier zu wappnen, damit Sie vor Manipulation, Täuschung und Propagandataktiken sicher sind.

Hier ist ein weiteres Buch von Andy Gardner, das Ihnen gefallen könnte

Quellenangaben

5 Signs You're Being Manipulated in Your Friendship. One Love Foundation, 18 Jan. 2018, www.joinonelove.org/learn/5-signs-you're-manipulated-friendship/.

6 Things That Can Cause Emotional Withdrawal -- and What to Do about It | ReGain. Www.regain.us, www.regain.us/advice/general/6-things-that-can-cause-emotional-withdrawal-and-what-to-do-about-it/.

8 Ways Gaslighters Manipulate and Control Relationships | Psychology Today. Www.psychologytoday.com, www.psychologytoday.com/us/blog/communication-success/201908/8-ways-gaslighters-manipulate-and-control-relationships.

10 Brilliant and Brutal Methods of Ancient Psychological Warfare. Listverse, 21 Dec. 2018, listverse.com/2018/12/21/10-brilliant-and-brutal-methods-of-ancient-psychological-warfare/.

Abrams, Zara. The Role of Psychological Warfare in the Battle for Ukraine. Apa.org, 2022, www.apa.org/monitor/2022/06/news-psychological-warfare.

Acharyya, Rakhi. 12 Psychological Manipulation Techniques Your Coworkers Are Using to Victimise You. Careerizma, 30 Aug. 2016, www.careerizma.com/blog/psychological-manipulation-techniques/.

Analysis: Donald Trump, Propagandist-In-Chief? Center for Public Integrity, https://publicintegrity.org/politics/analysis-donald-trump-propagandist-in-chief/.

Asmolov, Gregory. The Effects of Participatory Propaganda: From Socialization to Internalization of Conflicts. Issue 6: Unreal, no. 6, 7 Aug. 2019, https://jods.mitpress.mit.edu/pub/jvzg7j6x/release/2, 10.21428/7808da6b.833c9940

Boaz, Dr Cynthia. Fourteen Propaganda Techniques Fox "News" Uses to Brainwash Americans Truthout, https://truthout.org/articles/fourteen-propaganda-techniques-fox-news-uses-to-brainwash-americans/.

Bradshaw, Samantha. The Global Disinformation Order 2019 Global Inventory of Organised Social Media Manipulation.

Čopková, Radka, and Eva Lörincová. The Dark Triad, Love Components, and Attachment Styles in Romantic Relationship Experiencing during Young Adulthood Interpersona: An International Journal on Personal Relationships, vol. 15, no. 2, 14 Dec. 2021, pp. 212–232, 10.5964/ijpr.4687.

Cuncic, Arlin. How Does Propaganda Work? Verywell Mind, 12 Apr. 2022, www.verywellmind.com/how-does-propaganda-work-5224974.

Dad, All-Pro. 10 Ways to Set a Vision for Your Life. All pro-Dad, 3 Jan. 2011, www.allprodad.com/10-ways-to-set-a-vision-for-your-life/.

Davenport, Barrie. If You Want to Be More Open with People, Do These 9 Things. Live Bold and Bloom, 12 Apr. 2021, https://liveboldandbloom.com/04/self-improvement/open-up-to-people.

Davies, Ivana. 7 Signs of Family Manipulation and How to Handle Them. Find Your Mom Tribe, 4 Aug. 2020, https://findyourmomtribe.com/family-manipulation/.

DeShong, Hilary L., et al. Facets of the Dark Triad: Utilizing the Five-Factor Model to Describe Machiavellianism. Personality and Individual Differences, vol. 105, Jan. 2017, pp. 218–223, 10.1016/j.paid.2016.09.053.

Editors, U. F. Psychological Warfare: War without Arms and Weapons. Unrevealed Files, www.unrevealedfiles.com/psychological-warfare-war-without-arms-and-weapons/.

Fjelstad, Margalis. 15 Signs You're Dealing with a Narcissist. Mindbodygreen, 5 Sept. 2017, www.mindbodygreen.com/articles/14-signs-of-narcissism.

Front Matter. ScienceDirect, Academic Press, 1 Jan. 1970, www.sciencedirect.com/science/article/pii/B9780121744502500026.

How to Handle Manipulators | Psychology Today. Www.psychologytoday.com, www.psychologytoday.com/us/blog/lifetime-connections/201403/how-handle-manipulators.

M, Aline Ra. The Normalization of Dishonesty and What It Means to You and Me. A Philosopher's Stone, 16 June 2022, https://medium.com/the-philosophers-stone/the-normalization-of-dishonesty-and-what-it-means-to-you-and-me-c0acc4b6f467.

Mackenzie, Jackson. Mindbodygreen. Mindbodygreen, 13 Nov. 2015, https://www.mindbodygreen.com/articles/signs-of-a-psychopath.

Miller, Carly. The Dangerous Power of Emotional Advertising. Contently, 14 Apr. 2016, https://contently.com/2016/04/14/dangerous-power-emotional-advertising/#.

Momin, Kranti. Romantic Manipulation – 15 Things Disguised as Love. Bonobology.com, 9 July 2021, www.bonobology.com/romantic-manipulation/.

Name Calling Propaganda: Definition and Examples. Soapboxie, https://soapboxie.com/us-politics/Name-Calling-Propaganda-Terrorist-or-Freedom-Fighter.

Peaks Recovery Centers. Effects of Psychological and Emotional Manipulation | Peaks Recovery. Peaks Recovery Centers, 26 Jan. 2021, https://peaksrecovery.com/blog/mental-health-blogs/effects-of-psychological-emotional-manipulation/.

Seven Ways to Be More Curious. Psychology Today, https://www.psychologytoday.com/us/blog/finding-the-next-einstein/201407/seven-ways-be-more-curious.

The Dark Triad: 3 Dark Personality Types Psychologists Say to Avoid. Mindbodygreen, 26 Apr. 2022, https://www.mindbodygreen.com/articles/dark-triad-personality-types.

This Dark Personality Type Is a Master Manipulator: 6 Signs You've Met One. Mindbodygreen, 13 Mar. 2022, www.mindbodygreen.com/articles/machiavellianism.

Tripathi, Dr Pranay Kumar. Psychological Warfare: Conceptual Overview | FINS India. Forum for Integrated National Security, 1 Mar. 2019, https://finsindia.org/psychological-warfare-a-conceptual-overview/.

Triumph of the Will: Film Art or Nazi Propaganda? | Kara Petersen. https://sites.stedwards.edu/comm4399fa2013-kpeters3/2013/09/24/triumph-of-the-will-film-art-or-nazi-propaganda/.

What to Know about Pathological Liars. WebMD, www.webmd.com/mental-health/what-to-know-pathological-liars.

What to Know about Pathological Liars. WebMD, www.webmd.com/mental-health/what-to-know-pathological-liars.

Wisse, Barbara, and Ed Sleebos. When the Dark Ones Gain Power: Perceived Position Power Strengthens the Effect of Supervisor Machiavellianism on Abusive Supervision in Work Teams. Personality and Individual Differences, vol. 99, Sept. 2016, pp. 122–126, www.sciencedirect.com/science/article/pii/S0191886916303828, 10.1016/j.paid.2016.05.019

World War I and the Suppression of Dissent | Wendy McElroy. The Independent Institute, www.independent.org/news/article.asp?id=1207.